RAPPORT DE M. G. HUGELMANN

G. HUGELMANN

RAPPORT

ADRESSÉ

AUX PERSONNES

QUI ONT CONCOURU A LA FONDATION

DU

JOURNAL DE BORDEAUX

Et aux Abonnés de ce Journal

BORDEAUX

ÉTABLISSEMENTS TYPOGRAPHIQUES DU *JOURNAL DE BORDEAUX*

rue Porte-Dijeaux, 43

1863

RAPPORT DE M. G. HUGELMANN

Messieurs,

Le premier octobre mil huit cent soixante-trois, le *Journal de Bordeaux* entre dans la deuxième année de son existence. Plusieurs d'entre vous m'ont remis une partie de la somme nécessaire à sa création; il est de mon devoir de leur dire comment cette somme a été employée, à quels moyens, à quels sacrifices j'ai eu recours pour sauvegarder leurs intérêts. En me confiant cette somme, mes prêteurs agissaient moins dans un but de spéculation que dans un but moral et politique; il est alors de mon devoir aussi de leur prouver que j'ai tout fait pour remplir leurs intentions, et que mes efforts ont constamment été à la hauteur de la mission que je m'étais imposée.

d'accord avec eux. Je dois également compte de mes actes et de mes projets à cette famille d'abonnés qui s'est si rapidement et si spontanément groupée autour du journal naissant, dans l'unique but de contribuer au triomphe des idées qu'exprimait mon programme, honoré du reste, à la date du quinze octobre mil huit cent soixante-deux, de l'entière approbation de notre Empereur.

Si, en fondant le *Journal de Bordeaux*, j'avais eu simplement en vue de créer une affaire ordinaire, et de tout sacrifier au succès matériel d'une spéculation de la nature de celles auxquelles donne lieu malheureusement l'exploitation des opinions par les intérêts, je me croirais en devoir de ne vous exposer que la situation matérielle de notre feuille. Mais tel n'a point été mon dessein. Je protesterai toujours contre l'influence déplorable exercée sur la Presse par les doctrines qui l'ont abâtardie en la subordonnant, et qui l'ont amenée, de concessions en concessions, jusqu'à ne plus être que la glorificatrice exclusive du fait accompli. Fondateur du *Journal de Bordeaux*, je voulais au moins, sur un point de la France, ramener la Presse à son rôle enviable d'éducatrice et de conseillère, faire participer dans ce dessein à son action les personnes les plus honorables de la région dans laquelle notre journal allait exercer son influence. J'espérais que l'exemple serait promptement suivi sur les points principaux du pays, et que, grâce à l'existence d'une Presse provinciale convaincue, on parviendrait à neutraliser les funestes résultats produits par celle qui, dans les directions les plus opposées, fonctionne à Paris et ailleurs sous la pression des intérêts égoïstes, dont une main ferme aurait facilement réprimer les écarts. Mon espérance serait à cette heure complétement réalisée si l'appui, que j'étais en droit d'attendre des hommes désignés logiquement par leur situation pour me venir en aide, avait égalé l'opposition compréhensible et le plus souvent loyale de mes adversaires naturels.

Ne croyez pas, Messieurs, qu'en revendiquant pour la Presse gouvernementale le droit de maintenir en seconde ligne l'action spéculatrice, j'aie cru pouvoir impunément sacrifier les capitaux des personnes qui ont eu confiance en moi. L'idée, quelle qu'elle soit, dès que la loyauté préside à son éclosion et à son essor, demeure heureusement encore le guide le plus sûr pour conduire à la fortune. Je n'en veux pour preuve que la réussite de presque toutes les feuilles d'opposition indépendantes des spéculateurs, et qui ne doivent de vivre qu'à l'idée qu'elles défendent. Ces feuilles se développent sous les yeux de l'Administration impuissante, comme un vivant témoignage du triomphe qui serait assuré à plus forte raison aux journaux napoléoniens qui ne puiseraient leur initiative que dans le cœur du pays lui-même, bien autrement dynastique, je le sais par expérience, que beaucoup d'entre les hommes auxquels on abandonne le soin de l'administrer.

Le *Journal de Bordeaux*, tel que je le comprenais, tel que je le comprends encore, tel qu'il se développera dans l'avenir si votre volonté me donne le droit d'en revendiquer demain la direction et de l'exercer avec indépendance, devait être, au point de vue départemental, complétement libre dans ses allures vis-à-vis de l'Administration, dont la Presse napoléonienne doit contrebalancer le pouvoir au profit des populations. Je l'ai dit ailleurs : « — Dans la plupart » de nos départements, le rôle du journaliste gouver» nemental est systématiquement réduit à des pro» portions qui éloignent de lui toute considération » et tout respect. Du jour où les populations sauront » au contraire que le journal est une voix officielle» ment autorisée à traduire leurs doléances ou à » exposer leurs besoins et leurs vues, toute admi» nistration incapable ou funeste deviendra impossi» ble. » — Je voulais conquérir pour le journaliste napoléonien cette considération et ce respect, qui leur manquent; c'était en un mot la liberté dans les limites dynastiques et non dans les lisières administratives qui devait assurer, selon moi, le succès de notre journal au point de vue départemental.

Quant au point de vue général, il me suffirait, pensais-je, de faire comprendre aux Girondins que leur esprit d'indépendance est on ne peut plus compatible avec la nature du gouvernement napoléonien, pour les déterminer à réaliser rapidement tous les grands travaux qui peuvent, en quelques années, faire de leur département le rendez-vous obligé du commerce du monde, et de Bordeaux la métropole industrielle du midi de la France. Il m'eût suffi de jouir, dans les limites constitutionnelles dynastiques, de la liberté laissée à mes adversaires pour les franchir ; et je faisais du *Journal de Bordeaux* la feuille utile au département, la feuille indispensable à tous les comptoirs de la France et de l'Etranger, obligés de tenir les yeux fixés sur une ville que quelques travaux intelligents devaient si rapidement rendre l'arbitre des transactions inter-océaniques. Je ne me dissimulais pas la difficulté de la tâche; mais pouvais-je croire que l'Administration accumulerait sur mes pas plus d'obstacles qu'il ne me semblerait même raisonnable d'en opposer aux ennemis de la dynastie impériale, et qu'il était à ses yeux plus criminel de conseiller et de censurer en conscience ses actes, au nom des idées napoléoniennes, que d'attaquer systématiquement ces idées et l'homme providentiel qui les symbolise? Si j'étais aujourd'hui obligé de le croire, ne serais-je pas dans la nécessité d'attaquer de front la substitution singulière de l'inviolabilité administrative à l'inviolabilité dynastique; d'empêcher que la muraille qui devient chaque jour plus épaisse entre le Souverain et le Peuple puisse acquérir de nouvelles et dangereuses proportions?

Dans le courant de ce travail, il sera fait souvent allusion à l'Administration de l'Intérieur. Permettez-moi, une fois pour toutes, de bien définir ma pensée, et de déclarer que je n'entends nullement attaquer les personnes. Il faudrait être aveugle pour ne pas convenir d'une chose: c'est que cette Administration, soit que l'impulsion qui lui est donnée ne soit point assez vigoureuse, soit que la force d'inertie occulte opposée à cette impulsion lui soit supérieure, n'est pas à la hauteur de tout ce qu'a fait et projeté l'Empire. La direction de l'esprit public est abandonnée à l'indifférence; l'impulsion semble venir des Préfectures au lieu de descendre vers elles; et, dans chaque département, la volonté montant de même au lieu de descendre, il s'ensuit que la France est administrée en réalité par les plus infimes des fonctionnaires, subordonnés eux-mêmes à des coteries, et qui, préoccupés de plaire à la force qui ne les dirige pas mais les nomme, s'efforcent de réduire partout leur rôle initiateur au rôle d'absorbant, afin qu'aucune fatigue et aucun ennui ne viennent troubler le sommeil de leur supérieur hiérarchique. Pour conquérir cette quiétude, il est fait bon marché des idées impériales; on flatte les hostiles pour en obtenir une apparence de paix; on s'en remet au dévoûment des fidèles de se taire sur l'oubli de leurs services ; et le hasard fait le reste. Quand il se trouve un homme dévoué qui voit clair, on le traite de Cassandre, et on le brise. Pendant ce temps, les ennemis de l'Empire renouent tranquillement leurs trames, manifestent ouvertement leurs espérances, imposent aux candidats à la députation la condition de ne point demeurer fidèles à leur serment, dans des conditions définies; et il est certaines villes, la vôtre, par exemple, où l'infime minorité de la population impose à la majorité la loi de ne jamais se dire impérialiste. Vous avez vu, dans les dernières élections à la députation et au Conseil général, l'Administration préfectorale de la Gironde permettre que les élus de son choix la désavouassent ostensiblement et déclarassent qu'ils rougissaient de marcher à sa remorque. Voilà où en est l'Administration de l'Intérieur, alors que la France gouverne moralement le monde, et que sept millions d'hommes renouvellent chaque matin le serment de mourir pour la dynastie napoléonienne. LL. EE. MM. Billault et de Persigny ont échoué contre le mal; mais ils le connaissent; ils en conviennent; et il est regrettable que la vérité ne soit pas dite à ce sujet au Souverain avec une franchise égale à la grandeur du danger.

Mais j'ai hâte d'entrer en matière; d'établir par des faits la justesse de mes réflexions, l'évidence de mes griefs, la légitimité de mes appréhensions, et la nécessité où se trouve la suprême intelligence qui a relevé si haut, à l'extérieur, la réputation de la France, de veiller à ce que le chemin fait au dehors ne soit pas perdu au dedans. Mais j'ai hâte aussi de faire connaître la nature des obstacles que j'ai eu à vaincre, des volontés qui ont tenu mes intentions en échec; et cependant, ce n'est pas sans un sentiment de tristesse que je me vois obligé d'établir que ces obstacles sont moins l'œuvre de nos adversaires que celle des hommes en qui nous aimerions à avoir le plus de confiance; que ces volontés sont étrangères à celles dont l'expression publique ne cause que la moitié de nos inquiétudes, et qu'en un mot l'impérialisation du pays est tout aussi sérieusement entravée par ceux qui devraient s'y livrer incessamment, que par les adversaires auxquels je viens de faire allusion.

C'est en février 1862 que j'arrivai à Bordeaux. J'y venais propager une Revue que je dirige encore et dont le titre, ainsi que le programme, ont le mérite de résumer tout ce que, depuis la fondation de ce recueil, la politique extérieure de la France a réalisé de grandes choses. J'ai nommé la ***Revue des Races latines.***

Mes adversaires ont cherché à me ternir avec un tel acharnement; ceux qui devaient et pouvaient si facilement confondre leurs calomnies se sont prêtés si volontiers à ce qu'elles se répandissent afin d'avoir une raison de justifier leur conduite envers moi, que vous me pardonnerez de vous fournir de nouveau en quelques lignes rapides des renseignements assez précis sur ma vie passée pour que nul ne puisse plus arguer d'ignorance à mon sujet.

Je suis né à Paris, le 7 juillet 1828. Ayant perdu ma mère très-jeune, je fus élevé par ses parents qui m'emmenèrent à Tours avant ma septième année, et furent obligés, eu égard à la modestie de leurs ressources, de m'envoyer à l'école municipale. J'y fus remarqué par le R. P. Lacordaire; il me fit entrer chez M. Dufètre, depuis évêque de Nevers, en attendant mon départ pour un monastère d'Italie où j'eusse fait mes études, si la mort rapide des parents de ma mère ne m'avait fait perdre une occasion qui ne se devait point représenter. Mon père me fit venir à Vitry-sur-Seine où il occupait la plus modeste des situations. Les parents de ma mère, pensionnés du Gouvernement, avaient laissé à peine de quoi payer leurs funérailles, et je dus, dès-lors, entreprendre, avec le malheur, une lutte qui ne semble point encore terminée. Successivement manœuvre, ponceur de pierres lithographiques chez M. Morin, rue du Jardinet; employé au bal de M. Willis, qui monopolise encore, ces sortes de divertissements dans les fêtes des environs de Paris, je parvins à acquérir enfin de quoi me présenter décemment dans le pensionnat de M. Brevet, à Palaiseau, où je fus employé près d'un an en qualité de maître d'études. Grâce à mon travail, j'en pus sortir pour entrer professeur à l'institution Cathelin, à Montrouge, d'où je passai, m'élevant toujours, à l'institution Franche, de Boulogne-sur-Seine. Quand éclata la révolution de Février, j'étais arrivé d'abord de l'institution Franche à celle de M. Delahaye, aux Batignolles, et j'occupais enfin, dans Paris même, rue des Fossés-du-Temple, la situation honorable, mais peu lucrative, de sous-directeur d'un pensionnat assez renommé. Je dois convenir que, jusqu'à ce moment, je n'avais été préoccupé que d'une pensée : m'instruire; et sauf un épisode de ma vie de jeune homme, qui établit entre moi et le prisonnier de Ham une sorte de lien, — épisode dont j'ai parlé dans la *IVe Race*, — je ne m'étais jamais occupé de politique, à moins qu'on ne veuille attribuer un caractère sérieux à quelques vers improvisés à l'adresse d'une mère auguste, dont l'enfant s'était providentiellement brisé le front sur les pavés du chemin de la Révolte. Toute politique et toute idée sociale se résumaient pour moi dans le Catholicisme; j'avouerai qu'après quinze ans de luttes et d'études, c'est encore en lui que tout se résume pour moi. Seulement la lumière s'est faite, et je me rends parfaitement compte aujourd'hui de la compatibilité de tous les progrès avec l'immensité de ses horizons.

J'avais dix-neuf ans lorsque Février sillonna de sa foudre l'horizon de notre Pays. Le hasard me jeta au centre de la mêlée. Porté par la foule dans la grande salle de l'Hôtel-de-Ville de Paris au moment où se formait le Gouvernement provisoire, je me sentis tout à coup digne de parler à des hommes rassemblés, et dès-lors je pris la résolution de m'occuper des choses de mon Pays. Je ne puis, dans les limites de ce simple rapport, définir le travail qui s'opéra dans mon esprit à partir de ce jour. Il en est qui prétendent que mes opinions ont plusieurs fois varié ; je crois plutôt que les événements en ont successivement modifié l'expression ; car, aujourd'hui comme alors, j'aime mon Pays ; je veux la gloire et la prospérité de son Peuple ; je crois qu'il est impossible de remédier aux ébranlements qu'ils ont subis sans l'intervention d'une autorité s'appuyant directement sur les masses, au nom d'une révélation. Tout ce que j'ai écrit et pensé depuis quinze ans, je l'ai écrit et pensé dans le but de faire prévaloir cette doctrine. Elle n'est autre, du reste, que le résumé de la bonne nouvelle répandue de Sainte-Hélène sur le monde par le Crucifié de l'Angleterre.

Lieutenant du 12e bataillon de la garde nationale mobile au lendemain de Février, j'étais vice-président de plusieurs sociétés populaires, lorsque le malentendu de Juin vint assurer le triomphe momentané des idées oligarchiques, heureusement terrassées depuis par l'Empereur, mais demeurées le danger le plus grand contre lequel ait encore à lutter la

France. En écrivant, dans une de mes dernières œuvres, que le Deux décembre fut Juin organisé, j'ai suffisamment caractérisé ma participation morale au douloureux cataclysme dont le général Cavaignac tenta d'être l'exploiteur. Je dis participation morale, car il ne me fut pas possible d'y participer activement. Je puis facilement établir que je fus complètement étranger de fait à la sinistre manifestation des colères du peuple ; mais l'honneur que j'eus plus tard de présider la phalange de ses victimes m'impose pour toujours la loi de revendiquer en leur nom un redressement de l'opinion, une réhabilitation dans l'Histoire. Arrêté à la suite d'événements auxquels je n'avais pas pris part ; arrêté par un homme dont j'avais arraché le nom à l'infamie, je fus précipité dans l'abîme béant au fond duquel l'oligarchie victorieuse entassait indistinctement les enfants et les vieillards, les combattants de la rue et les athlètes de la pensée. Une protestation en faveur des triomphants, et j'étais libre. Je tiens à honneur encore d'avoir préféré me taire et d'être resté au nombre de ceux que Lamennais déclarait enviables parce qu'ils souffraient, ainsi qu'il me l'écrivait alors, pour la cause de l'humanité. Assez de fois, j'ai raconté les diverses phases de ma captivité pour que je n'aie plus besoin de faire connaître par quelle voie naturelle, Victor Hugo m'aidant de ses lumières, j'arrivai de la responsabilité morale de Juin à la responsabilité morale du Deux décembre que, captif, j'avais hâté de tous mes vœux, comme le seul moyen de rendre une clef de voûte à la Société française, et de permettre, dans l'envergure de l'édifice nouveau, le développement progressif des éléments populaires si indignement trahis et si lâchement sacrifiés par tous les partis, depuis la chute du premier Empire.

Je me bornerai à mentionner ici mon itinéraire de proscrit, afin que les calomniateurs aient toute latitude pour y glaner à leur aise, mais bien en vain, soyez-en convaincus. De la Conciergerie au fort de l'Est; du fort de l'Est au fort du Homet, à Cherbourg; puis à bord du ponton le *Triton;* puis à Belle-Isle en mer; puis à Lorient, à Vannes, à Toulon, à la Casbah de Bone, à la prison cellulaire d'Alger, telles sont d'abord mes étapes de captif. Je fus traduit plusieurs fois, pendant le cours de cette odyssée, devant les tribunaux et les conseils de guerre; j'en puis étaler les jugements à tous les regards; ils serviront à mieux démontrer qu'en aucun cas je n'ai sacrifié l'indépendance et la dignité de mon caractère, et que je me suis toujours cru obligé d'exposer ma vie et ma liberté pour la défense des innocents et l'inviolabilité du droit. Des cachots de Bone, je pouvais me rendre au consulat de Smyrne; de ma cellule d'Alger, je n'avais qu'un mot à dire pour prendre la direction d'un journal parisien; mais je ne pouvais cesser d'être prisonnier sans que

2

tous mes compagnons sortissent avec moi; car, tant que la justice et la vérité seront sacrifiées à des convenances relatives, il sera imprudent de servir le Gouvernement chargé de les faire prévaloir sur toutes choses. Je sais en ce moment ce qu'il en coûte d'avoir cette imprudence. L'influence occulte que je combats encore aujourd'hui, trouva moyen alors de faire prévaloir les convenances relatives sur la vérité et sur la justice; ne pouvant accepter d'être libre par faveur, je le fus par ma volonté.

Évadé de ma cellule d'Alger, je pus me rendre à Majorque avec mes compagnons de fuite. J'ai habité cette île pendant près de six mois et j'y ai constamment soutenu de mon travail les dix infortunés qui avaient partagé mon sort. Un seul secours leur vint de France; ce fut de Bordeaux; et le sentiment de reconnaissance que j'ai toujours professé pour la mémoire de Vigier, qui m'envoya ce secours à leur intention, n'est point étranger à ma volonté formelle de ne pas quitter votre ville avant d'avoir éclairci le malentendu qui a pu m'aliéner les hommes dont *la Tribune* était autrefois le rendez-vous, et qui tous penseraient avec moi de l'Empire ce que j'en pense, si on ne multipliait en son nom les obstacles à la grande, à la féconde, à la complète réconciliation de la démocratie et de l'autorité impériale. De Majorque, je me rendis à Barcelone où je me mariai avec une enfant sur le point d'être artiste, il est vrai, mais dont l'un des aïeux fut le confesseur, le conseiller de la grande Isabelle, et dont l'un des proches parents préside aujourd'hui la Cour suprême de Madrid. Si à cette époque j'avais voulu seconder les desseins des adversaires de la reconstitution française, servir l'alliance bâtarde qui venait de se signer entre les chefs des divers partis au nom d'une liberté que nul ne comprend et n'ose définir, je serais aujourd'hui au premier rang de leurs élus. Je préférai ne puiser d'inspiration qu'au sein de ma conscience; et dans une série d'œuvres faciles à se procurer, j'exprimai mes idées sur cet évangile napoléonien qui peut tout reconstituer et tout sauver, si on l'applique. Afin de recueillir les matériaux d'une grande histoire du royaume d'Aragon à laquelle je consacre encore mes veilles, je dus partir pour Sarragosse, puis pour Madrid. J'ai dit publiquement par quel concours de circonstances je me trouvai mêlé alors aux événements qui bouleversèrent un instant l'Espagne. Je puis me vanter d'une chose, c'est qu'après y avoir pris part dans l'intérêt de l'influence française, je me suis trouvé l'intime de tous ceux que j'avais servis ou combattus. J'ai en Espagne des amis sur les marches du trône, et le général Prim, le chef du parti progressiste, n'a cru devoir expliquer qu'à moi, en France, sa conduite au Mexique. Le peu d'influence que m'avait acquis ma participation à un mouvement étranger, je ne l'avais employé, du reste, qu'à une chose, à obtenir que l'Espagne offrît l'hospitalité au poète des *Orientales*, à l'auteur d'*Hernani*!

Je fondai à Madrid un journal français; mon intention était de faire prévaloir l'influence de la politique de mon Pays sur la politique de l'Angleterre. Proscrit, je défendis contre tous, non-seulement les idées et les actes du Souverain à qui l'on prouvait qu'il était convenable de ne me point rappeler en France, mais encore sa personne et celle de la compagne auguste qu'il s'était donnée. A l'étranger, l'exilé lui-même doit, selon moi, n'agir politiquement qu'à l'ombre du drapeau de son Pays; car si les passions sont aveugles le patriotisme ne l'est jamais. J'ai dit également ailleurs quelle sorte d'appui je refusai de la politique anglaise, et comment, le premier dans la Péninsule, j'osai mettre en avant le général O'Donnell pour l'exercice de la dictature momentanée qui a empêché l'oligarchie britannique de compter un satellite de plus. Je dus abandonner mon journal pour deux motifs, dont l'un n'est pas étranger à la situation difficile qui m'a été faite à Bordeaux. Tous deux étaient, sur mes indications, il est vrai, l'œuvre directe du Gouvernement de l'Empereur, qui avait enfin jugé convenable de me rouvrir les portes de la France. C'est du jour où, pour la première fois, je posai le pied au ministère de l'Intérieur, que j'ai eu à me heurter contre une série de difficultés et d'hésitations n'ayant d'autre cause que les démentis successifs donnés par les faits aux promesses d'appui qui m'étaient faites. On accueillait par exemple l'avénement d'un cabinet Narvaez, le lendemain du jour où j'emportais de Paris la promesse formelle qu'O'Donnell serait soutenu; on m'abandonnait aux colères personnellement légitimes de deux financiers célèbres, après être convenu avec moi qu'il fallait à tout prix empêcher qu'ils s'emparassent d'un monopole de crédit en Espagne, que je leur disputai victorieusement, mais loyalement.

Rentré en France, je fonde, sous un titre tombé d'une lèvre auguste, cette *Revue* dont les idées ont présidé au développement de notre politique moderne. Je jette hardiment dans cette affaire tout ce que je possède et tout ce que, dans un incroyable mouvement de munificence, le duc de Rianzarès, mon protecteur et mon ami, met à ma disposition, dans l'unique but de témoigner sa préférence pour la politique hispano-française sur la politique anglo-saxonne. Ce que je recueille de hautes approbations, à l'occasion de la création de cette *Revue*, est inénarrable; mais c'est alors que je commence à acquérir la certitude, aujourd'hui complète, que, de la porte du cabinet du ministre aux plus infimes régions de l'Administration, le terrain est malheureusement acquis souvent aux adversaires du gouvernement établi; et cela, parce qu'une seule préoccupation anime les instruments démoralisés de cinq gouvernements successifs, et que cette préoccupation est uniquement le désir de ne pas se rendre impossible auprès du pouvoir qui peut succéder à celui du présent. Il y aurait un remède au mal; la conviction et l'énergie d'un seul ministre suffiraient pour le conjurer à jamais; S. Exc. le duc de Persigny en convint avec moi la veille des élections; et le *Constitutionnel* a depuis publié à ce sujet un article dont le sens n'était pas douteux; mais l'avènement d'un cabinet trop administratif est venu encourager les complices du mal au moment même où il serait si urgent de le combattre.

Il existe une *Revue* dont les tendances sont connues, qui a fait un mal énorme aux idées régénératrices que l'Empereur professe; c'est à elle que sont sacrifiées toutes les tentatives faites pour en paralyser l'influence; et tous les ordres partis de haut dans ce sens aboutissent à l'inertie. LL. EE. MM. Rouher et Rouland m'ont accordé un appui réel et digne, un appui tel que je pouvais l'accepter. A leur seuil expirait l'influence de leur bon vouloir. Il en sera ainsi tant que l'impulsion administrative partira d'en bas au lieu de venir d'en haut. Et permettez-moi, Messieurs, de vous faire remarquer que je ne vous donne pas toutes ces explications dans le but unique de vous initier à mes efforts. J'aurais pu faire un peu de bien; mais chacun de vous, dans le cercle de ses affaires, en aurait pu faire immensément plus, si l'omnipotence administrative, qui paralyse à l'Intérieur toutes les grandes choses, au lieu de les seconder, ne régnait en souveraine. Rendez-vous compte de ce qu'elle a entravé autour de vous; vous aurez de suite la clef des mécontentements et des désaffections. Supposez un instant qu'un ministre remette en communication directe avec l'action et la pensée gouvernementales, les éléments que l'Administration a paralysés; vous me direz ensuite combien il faudrait de jours, non de mois, pour que notre politique intérieure remonta au niveau de notre politique extérieure.

Malgré donc les appuis qui m'avaient été promis ou donnés, ne pouvant accepter de subventions ordinaires sous ma direction, la *Revue des Races latines* engloutit successivement tout ce que je possédais, tout ce que mes protecteurs avaient mis à ma disposition, tout ce que je pouvais aliéner ou vendre, tout ce que m'avaient produit plusieurs ouvrages dramatiques que j'étais parvenu à faire jouer sur les scènes parisiennes non subventionnées, le bon goût, assurent encore les directeurs subventionnés, les obligeant à ne pas ouvrir leurs théâtres à des auteurs ayant un cachet napoléonien trop prononcé. — *Gaëtana* est là, du reste, pour arguer au moins de l'adresse de ces messieurs. — Découragé un instant par la perte de mes deux premiers enfants qui semblait ajouter à l'ingratitude des hommes la condamnation de la Providence, je dus déposer le bilan de la *Revue;* mais, à l'unanimité, mes créanciers, après m'avoir offert de bien meilleures conditions que je ne crus point de mon honneur d'accueillir, acceptèrent un paiement total en quatre années, avec intérêt légal. Au lendemain de l'homologation de ce concordat, je pris mon recueil sous le bras, et parcourant successivement moi-même tous les départements du Nord et toute la Belgique, j'arrivai à inscrire deux mille abonnés sur les registres de la *Revue*, et à payer intégralement les trois premiers dividendes promis à mes créanciers. C'est à moi que la littérature doit *la Mionette* de Muller, *La Rosine Passemore,* et plusieurs autres œuvres d'auteurs la veille encore inconnus. Partout j'avais rencontré les populations disposées à donner leur appui aux idées que vulgarisait mon recueil; presque partout aussi j'avais, il faut bien l'avouer, toujours rencontré des obstacles chez ceux dont le devoir était de me les aplanir. Et cependant je n'avais pas cessé, malgré mes déboires, de chercher toutes les occasions d'être utile à la politique de mon Pays; dans l'intervalle de mes voyages, j'avais tracé le plan grâce auquel le général Almonte a pu obtenir l'intervention française au Mexique, plan qui a été suivi dans son ensemble, mais qui devait aboutir, je me hâte de le dire, à autre chose qu'à la simple élévation au trône mexicain d'un archiduc d'Autriche ; je m'étais arrêté plusieurs mois en Belgique où j'aurais pu accepter la réconciliation que m'offrait, au nom de son parti, l'illustre auteur des *Misérables;* et où je ne travaillai qu'à étendre, dans la limite de mes forces, le cercle de l'influence napoléonienne. J'en étais là de mes travaux et de mon existence, quand j'arrivai à Bordeaux.

Permettez-moi de vous affirmer que je ne crois pas avoir omis une seule circonstance importante de ma vie; mais, l'eussé-je fait sans le vouloir, il me semble que j'ai fourni assez de points de repère à l'investigation, pour qu'il ne soit plus permis à personne de prétendre que j'ai sciemment cherché à laisser dans l'ombre un ou plusieurs des épisodes de mon existence. Convaincu que la vie privée de l'homme public doit être transparente pour tous, je ne puis disputer à personne le droit d'ouvrir sur mon compte la plus scrupuleuse des enquêtes. Et maintenant que j'en ai fini avec ce qui ne m'est que personnel, j'aborde ce qui est relatif au *Journal de Bordeaux.*

Depuis la création de ma *Revue*, je poursuivais l'idée de la transformer en journal quotidien sur un point quelconque de la France d'où il me fût facile de rayonner avec les diverses nations d'origine latine dont la confédération future peut seule consolider la prépondérance de l'Occident et par conséquent celle de notre Pays sur le reste du monde. Nantes ou Bordeaux m'avaient paru les deux villes les mieux faites pour présider à la décentralisation de la Presse, et pour déterminer son retour à l'étude des questions sérieuses, sa comptète révolte contre la tyrannie des partis. Après de mûres réflexions, je m'étais décidé pour Bordeaux, et je me proposais, tout en y propageant ma *Revue*, d'aviser aux moyens de réaliser mon projet, quand plusieurs circonstances me déterminèrent à en précipiter l'exécution. Ne devais-je pas du reste être impatient de me trouver à la tête d'une feuille quotidienne, alors que de toutes parts j'étais obligé de constater l'impuissance de la Presse gouvernementale et la déplorable incurie de ceux qui pourraient la régénérer. . . . .

Deux journaux professaient alors les Idées napoléoniennes dans le chef-lieu du département de la Gironde : *Le Mémorial Bordelais* et *l'Indicateur*. Le nombre des abonnés de l'un et de l'autre réunis, n'atteignait pas le chiffre de mille ; et l'Administration, dans ses rapports, attribuait l'humiliation de la Presse gouvernementale bordelaise à l'insuffisance des rédacteurs de ces deux feuilles. Il me souvenait cependant que le directeur de l'une avait jadis contribué pour une part immense à l'élection du Dix décembre, et il me paraissait extraordinaire que M. Durand pût avoir perdu en quelques années les mérites qu'on avait si justement appréciés en lui aux époques difficiles. Quant au directeur de l'autre, s'il était vrai que ses qualités comme écrivain fussent loin d'être à la hauteur de la succession d'un Fonfrède, il n'en était pas moins vrai aussi qu'il combattait sous le drapeau napoléonien, et qu'il était singulier que, dans un département où plusieurs milliers de fonctionnaires ont un intérêt direct à soutenir l'Empire, cinq cents personnes à peine se fussent groupées autour de son journal. Mais on arguait de la supériorité d'une feuille d'opposition, dont on déclarait la chute indispensable à la régénération de l'esprit public perdu par elle; et, dans ma joie de trouver un terrain ouvert à mes espérances, j'eus le tort de ne pas réfléchir qu'avec les moyens mis par la France à la disposition de l'Administration pour faire prévaloir la justice et la vérité, il faut évidemment qu'il y ait de la faute de celle-ci, lorsque, sur un terrain quelconque, la justice et la vérité sont tenues en échec, ainsi que la volonté si clairement acclamée de sept millions d'hommes. J'aurais dû faire de suite cette réflexion et m'informer jusqu'à quel point elle était juste dans le cas dont il s'agissait. Si, dès l'origine, je l'eusse faite, je me serais épargné bien des ennuis; mais, d'un autre côté, le résultat que j'ai atteint ne serait pas obtenu; car j'eusse ajouté foi aux légitimes récriminations de l'honorable M. Durand, et je ne me serais point exposé à subir son sort; car j'aurais constaté que sa fortune s'était évanouie sous la plume de rédacteurs imposés à son journal par des caprices administratifs, et je n'aurais point voulu m'exposer à perdre votre argent; car je me serais rendu compte de l'état de subordination à certaines coteries, dans lequel s'était volontairement placé à Bordeaux le représentant de l'autorité, et je n'aurais pas voulu m'engager dans une lutte contre elles, alors que je ne songeais sérieusement qu'à en engager une contre des idées au profit d'autres idées; car, ayant rêvé une grande chose, je ne me serais point déterminé de gaîté de cœur à user mes forces dans de mesquines querelles de personnes et d'intérêts qui ne devaient aboutir qu'au triomphe de l'inertie égoïste sur l'action désintéressée.

J'ai déclaré jadis, dans le *Journal de Bordeaux*, que je devais à M. Castéja l'idée première de la fusion du *Mémorial* et de *l'Indicateur*, en vue de contrebalancer l'influence acquise par le journal *la Gironde*, et de grouper les hommes d'ordre autour d'un organe important. Pouvais-je entendre par hommes d'ordre ceux qui ne voient dans la forme impériale qu'une transition entre l'anarchie et la monarchie parlementaire? Je persiste à vous affirmer sur l'honneur que ce fut, en effet, chez ce magistrat que l'idée de procéder à cette fusion prit un corps dans mon esprit, et que ma pensée encore confuse de la création d'une feuille départementale se subordonna au désir que paraissaient nourrir les amis de M. Castéja de voir succomber, sous les armes loyales de la discussion, la prépondérance de l'organe révolutionnaire.

L'interprétation donnée par *la Gironde* à une agitation causée au Grand-Théâtre à la suite de la lecture d'une poésie en l'honneur d'Halevy, et la douleur que j'éprouvai de voir demeurer sans réplique les attaques dirigées à ce propos contre les principes affirmés par l'Empire, me déterminèrent à écrire, sous le titre *Des petites lâchetés*, un article qui me mit en rapport avec M. de Mentque, préfet du département de la Gironde, et qui, resté sans réponse, excita en moi le vif désir d'obliger tôt ou tard mes adversaires politiques de *la Gironde* à une polémique qu'il était loin de mon esprit de vouloir jamais rendre personnelle. M. Arman intervint quelquefois en tiers dans les divers pourparlers qui eurent lieu au sujet de la création du journal nouveau; mais il ne me fit alors aucune promesse de concours autre que celles qu'il a tenues.

Je traçai le plan de la fusion désirée. Une somme de cinq cent mille francs était nécessaire pour la réaliser; il était indispensable d'abord d'acheter les deux journaux, dont le prix avait été fixé, d'un commun accord entre moi et les propriétaires, à trois cent mille francs, frais de notaire et d'enregistrement non compris; de renouveler une grande partie du matériel des établissements typographiques; de créer des relations sur tous les points commerciaux importants;

d'organiser enfin une rédaction digne de développer le programme que vous connaissez tous et qui ouvre la collection du *Journal de Bordeaux.* Cette somme, qui semblera énorme au premier moment, n'était rien en présence des résultats assurés par l'appui moral qui m'était promis et par conséquent dû. En dehors même de cet appui, l'affaire est encore excellente; elle le sera toujours, nous retirât-on ces annonces judiciaires en vue desquelles j'ai consenti à prendre d'aussi lourds engagements, et qu'on ne saurait nous enlever sans manquer aux promesses les plus formelles. Quels n'eussent-ils pas été, à plus forte raison, si la législation sur la Presse n'avait conservé, sous le règne essentiellement démocratique des idées napoléoniennes, le caractère oligarchique qu'elle a revêtu sous le régime parlementaire, et si l'autorisation de fonder un journal, au lieu d'être réservée au bon vouloir de gens qui ne comprennent rien au journalisme, avait été soumise à des conditions accessibles à tous les partisans dévoués du nouvel ordre de choses, ou même à ceux de ses adversaires loyaux qui sont des écrivains et non des spéculateurs L'obtention de cette autorisation devient aujourd'hui l'objet d'une lutte de finesse entre le postulant et le bureau de la Presse qui, presque toujours, accorde, involontairement je le veux bien, à l'hostilité ou à la spéculation ce qu'il refuse au dévoûment et à l'idée. Tout est encore à faire en ce sens par l'Empire, et tant que la législation et la direction de ce qui se rattache à la Presse, à l'imprimerie et à la librairie, n'auront point été soumises à un complet remaniement dans le sens napoléonien, on peut être certain que toutes les précautions prises pour assurer la vulgarisation des principes impérialistes ne serviront qu'à en paralyser l'essor. Et qu'on n'aille pas croire que je veuille ici engager le gouvernement dans une voie exclusive. Je désirerais seulement qu'il s'armât à mesure que les autres s'arment et qu'il ne restât pas sans défenseurs par la faute de ses instruments, à l'heure où ses adversaires s'organisent en vue d'une lutte décisive.

La combinaison financière à laquelle je voulais d'abord avoir recours m'affranchissait de toute participation locale. Le malheur voulut qu'on me demandât de réserver au moins le tiers du capital à des habitants du département, et que je consentisse à chercher d'abord ce tiers parmi les personnes du dévouement desquelles M. de Mentque se croyait sûr. L'impossibilité bientôt connue où je me trouvai d'arriver à ce résultat fit échouer ma première combinaison, et je fus alors obligé de réussir en dehors sur lesquels j'avais des deux concours compté. Que ne vous arrêtiez-vous, me dira-t-on? Sur la foi que devait mériter la parole du Maire de Bordeaux, j'avais traité avec les propriétaires de *l'Indicateur* et du *Mémorial*; j'avais réuni un noyau d'hommes dé-

-ormais à ma charge; j'avais noué des relations, commandé un matériel nouveau, pris même la direction anticipée d'une des deux feuilles. Pouvais-je me figurer qu'on me laissait ainsi me lancer en avant pour le plaisir de m'abandonner à l'heure décisive, sous des prétextes dont on négligerait d'une part de me donner connaissance, et de l'autre, par la seule raison, hautement avouée à moi-même celle-là, que j'étais napoléonien et non simplement monarchique, ce qui est bien différent. Déjà cependant des doutes m'étaient venus. J'ai dit ailleurs qu'une fois, et avant que rien autre chose ne fût fait, la possibilité d'acquérir *la Gironde* me fut offerte; ce journal a nié depuis que cela ait été vrai; mais admettons, que cette possibilité n'ait existé que dans mon imagination; ou que l'intermédiaire officieux se soit dit chargé d'un mandat qu'il n'avait pas, il n'en serait pas moins vrai que je donnai avis à M. le Préfet de la Gironde qu'une offre de cette nature m'était faite et que je ne demandai que la réalisation de la promesse d'un tiers du même capital pour l'accepter; que je descendis de suite avec lui chez M. Castéja; que ce dernier déclara qu'on ne pouvait, en quelques heures, trouver, parmi les partisans dévoués de l'Empire à Bordeaux, de quoi acquérir l'organe dont l'influence m'avait été signalée comme si funeste par le Maire de Bordeaux lui-même.

Plusieurs réunions eurent lieu dans le cabinet de

M. de Montque; il s'agissait de choisir un comité fondateur, et M. Castéja désigna, en trois séances de plusieurs heures chacune, dix-huit personnes qui devaient d'abord se réunir chez lui pour constituer l'affaire. Le lendemain de cette désignation, M. Castéja désira que la réunion eût lieu chez M. de Bethmann, lequel s'empressa de récuser cet honneur et de s'en décharger sur M. Basse, qui consentit à recevoir dans son salon les personnes désignées par le Maire de Bordeaux. Un premier rendez-vous fut pris, auquel deux d'entre elles seulement se rendirent; au second rendez-vous, nous atteignîmes le chiffre de dix présences et l'on discuta. Les dix personnes réunies s'engagèrent verbalement à patronner l'œuvre et à supporter solidairement les frais de démarches que j'évaluais alors de quinze à vingt mille francs; mais elles me donnèrent à entendre que la couleur exclusivement napoléonienne ne pouvait compter autour d'elles aucun appui. Le lendemain, je me présentais chez l'une de ces personnes engagées d'honneur; elle souscrivait pour six mille francs, en échange d'une contre-lettre de cinq mille qu'elle ne m'a pas rendue encore; et lorsque, plus tard, je l'invitai à verser au moins les autres mille francs, un refus accueillit ma légitime réclamation. De semblables aventures m'attendaient chez presque toutes les autres; M. Louit et M. de Bethmann sont les seuls des membres de ce comité d'un jour qui figurent parmi les prêteurs auxquels j'adresse plus particulièrement ce rapport; mais vous apprendrez bientôt comment M. de Bethmann lui-même cessera demain d'y figurer. De ce jour, M. Castéja devint invisible pour moi; il était atteint de cette cruelle et regretable maladie qui, depuis un an, s'est fatalement déclarée en lui, précisément aux époques où sa longue expérience aurait pu faire pencher la balance des événements du côté du Gouvernement.

Mes économies personnelles étaient englouties par trois mois de démarches stériles, renouvelées cependant chaque jour sur la foi de promesses écrites et verbales, lorsque M. Louit se décida à me venir largement en aide, et lorsque M. Arman, revenu de Paris où il avait été retenu pendant quelques mois, voulut bien joindre ses efforts aux miens, parvint à vous grouper autour de mon programme, constitua un comité de surveillance et s'engagea à tout faire pour compléter l'emprunt de cent cinquante mille francs auquel je réduisais alors mes prétentions, renonçant personnellement à toute sorte d'indemnité pour mes économies et mon temps perdus. Aidé de MM. Chaumel Durin et Beaufils, l'honorable constructeur ne négligea rien pour atteindre son but; il l'eût dépassé, si après vingt visites infructueuses à M. Castéja, il avait pu obtenir que ce magistrat inscrivît son nom parmi les vôtres pour n'importe quelle somme. La bonne volonté de M. Arman échoua devant cette indécision persistante qui devait se traduire plus tard en une attaque publique dont, à mon grand regret, j'ai dû faire justice, mais qui n'en a pas moins porté un nouveau coup à l'organe des idées gouvernementales. Admettons que j'aie mérité la conduite tenue à mon égard par le premier magistrat de notre ville, vous ne conviendrez jamais qu'il ait bien fait de s'abstenir alors et d'attaquer plus tard une œuvre que des hommes tels que vous patronnaient de leur bourse et de leur nom. Le devoir de M. Castéja était de vous éclairer sur mon compte ou de vous imiter. Depuis lors, Messieurs, depuis l'attaque publique dirigée par lui contre moi en plein conseil municipal, à la grande joie de nos adversaires, afin de n'avoir rien à me reprocher devant vous; afin de prouver que le service de l'Empereur passe avant tout à mes yeux, j'ai sollicité de M. Castéja une explication par une lettre que lui a remise M. Beaufils; j'ai demandé un rapprochement sinon par égard pour moi, au moins pour le bien de la cause impériale; M. Castéja a reçu l'œuvre dont j'avais accompagné ma lettre, mais ne m'a point répondu; il a voulu me laisser la triste conviction qu'après avoir refusé à votre cause le sacrifice d'une petite somme, il tenait à lui refuser encore à son âge le sacrifice d'une injuste rancune.

Ici, Messieurs, je demande à ouvrir une courte parenthèse. Il m'est revenu que l'indécision première de M. Castéja était née à la suite de renseignements qui lui auraient été donnés sur moi au nom de M. Émile Pereire, et que ces mêmes renseignements auraient été fournis, par les mêmes personnes et au même nom, aux avocats de la *Gironde* lors de mon procès contre ce journal. Ce rapport est une liquidation d'honneur en même temps qu'une liquidation d'argent; je dépose entre vos mains les seize actions du *Mémorial* que M. Emile Pereire m'a fait remettre à une heure sans doute où il ne pensait pas ce que ses amis auraient dit et écrit à propos de moi; je vous prie de sommer directement le grand financier d'avoir à déclarer s'il peut nourrir, contre l'ancien directeur du *Journal de Madrid*, d'autre grief que celui d'avoir combattu en Espagne un de ses projets industriels avec une vigueur égale à celle que j'ai mise à défendre depuis sa candidature dans la Gironde. Les conséquences de mes attaques d'alors ont été incalculables pour lui, et ont dû lui occasionner de grandes pertes; mais il s'agit uniquement de savoir si ces attaques ont été loyales, et si la cause ne doit pas en être attribuée à d'autres qu'à moi qui, d'accord avec le Gouvernement alors comme aujourd'hui, défendais, au péril des miens, les intérêts de mon Pays.

Paralysé par l'indécision prolongée de M. Castéja, l'emprunt ouvert pour constituer le *Journal de Bor-*

deaux n'atteignit pas quatre-vingt-dix mille francs; et cependant le journal parut le premier octobre, ainsi que je m'y étais engagé; il parut malgré une complication nouvelle dont je déplore encore la naissance.

Il était naturel que le journal la *Gironde* employât tous les moyens pour empêcher la création d'une concurrence pouvant lui nuire autant au point de vue politique qu'à un autre point de vue non moins important pour son propriétaire. — Cela était aussi logique de sa part et de celle de ses partisans, qu'il était illogique, de la part des hommes honorés de la confiance de l'Empereur ou de celle de l'Administration, d'entraver avec acharnement mes efforts sur la simple injonction de ce journal et de ses protecteurs occultes. Le rédacteur en chef de la *Gironde*, qui avait jugé à propos de ne point répondre à mon article sur *les petites lâchetés*, ouvrit le premier le feu contre moi; mais après m'avoir maltraité pendant quelques jours, ainsi que mes collaborateurs, dans des termes dont ceux de mes articles n'ont jamais atteint la vigueur inusitée en journalisme, il jugea à propos de clore la discussion par le silence, déclarant ainsi tacitement qu'il se réservait le droit de discuter à sa guise et de se taire quand il serait dans l'impossibilité de répondre à de sérieux arguments. Cette tactique me parut indigne de la situation que s'était faite mon adversaire dans le département de la Gironde, et je ne sais encore sus à quoi l'attribuer, à moins qu'il ne m'ait confondu alors avec les écrivains dont la plume obéit à autre chose qu'à leur conviction.

J'eus le tort de suivre sur son terrain l'écrivain qui rompait devant une polémique loyale, et je publiai un article qui, malgré la vivacité de ses termes, n'approchait point cependant de ceux dont mon adversaire écrasait impunément, depuis plusieurs années, les principes et les idées que je veux faire prévaloir. On sait les complications survenues; on sait la singularité des débats judiciaires qui en furent le résultat.

Pendant tout ce temps, les personnes qui m'avaient fourni les preuves de ce que j'avais avancé crurent devoir se taire; je veux encore aujourd'hui ne point relever leur silence. Quand le courage manque à ceux qui inspirent, pouvais-je exiger de ceux qui obéissent une abnégation complète, et attendre par exemple d'un journaliste qu'on avait abandonné à tous les ennuis d'une mission ingrate, le sacrifice de sa vie?

C'est ici le cas encore de déplorer non-seulement la situation faite à l'écrivain gouvernemental, mais le caractère même imprimé à cet écrivain, lorsqu'il n'obéit pas à une conviction spontanée. Le journaliste envoyé ou appelé, et par conséquent estimé, — car si on ne l'estime pas, pourquoi l'envoie-t-on ou l'appelle-t-on? — le journaliste envoyé ou appelé, au lieu de le présenter à tous comme l'homme tenant la plume dévouée, de faire respecter sa personne en la respectant, de veiller enfin à ce que l'idée qu'il veut bien servir soit honorée en lui, on en fait un homme qui doit se glisser dans l'ombre vers les bureaux, ne point saluer en public l'autorité de peur de la compromettre; quand le principal cercle d'une ville refuse de l'accueillir, sous l'unique prétexte qu'il écrit dans le journal gouvernemental, on le blâme d'avoir osé s'y présenter, et l'on ne fait point de son admission une question d'honneur administratif. Comment jouira-t-il dans ce cas d'une autorité quelconque pour combattre des adversaires qu'un parti hostile entoure de considération? Il ne peut qu'éprouver au cœur le regret de marcher dans cette voie, et voilà pourquoi on ne compte, parmi les gens qui écrivent à ces conditions, que des infortunés dans l'impossibilité matérielle ou morale de faire autre chose. Depuis un an, je suis entré en relation avec une trentaine de jeunes hommes de talent réduits à ce rôle; une intelligente protection en eût fait autant d'hommes utiles; et je me sens attendri toutes les fois que je songe à ce qu'on en a fait. Je ne puis revenir ici sur les détails d'une affaire qu'un tel point de départ condamnait à être malheureuse pour tous. Je laisse à la loyauté de M. A. Lavertujon le soin de dire un jour s'il m'a mal jugé.

Malgré un aussi fâcheux incident, le *Journal de*

Bordeaux parut, selon ma promesse, le 1er octobre 1862. Son comité voulut bien en indiquer les tendances locales dans une lettre qui précéda mon programme à la première colonne de notre numéro spécimen, lettre conçue dans un esprit dont je ne me suis point écarté. J'avais réalisé ce que l'on prétendait impossible; et je l'avais réalisé en surmontant des obstacles ajoutés encore à cette impossibilité reconnue.

C'est ici le moment de vous parler de l'intervention de M. E. Louit dans les destinées de notre feuille. Seul il a complété le capital nécessaire à l'existence et à la marche du *Journal de Bordeaux*; seul il a ajouté les billets de banque aux billets de banque pour que les idées napoléoniennes eussent un organe dans la Gironde. Disons, du reste, qu'à l'origine de l'affaire, les sollicitations de toutes sortes, en vue de ce concours, ne lui manquèrent pas. Personnellement visité dans son comptoir par le premier magistrat de la ville; accablé de promesses par de hauts personnages qui me peignaient à lui sous le jour le plus avantageux, pouvait-il se figurer que, plus tard, un complet désaveu, joint à une pression des plus illégales, nécessiteraient de ma part des efforts de géant pour sauvegarder ses intérêts et les vôtres. Ces efforts, il en a été le témoin; aucun de mes actes ne lui est demeuré caché depuis un an; il a entendu des ministres de l'Empereur me donner raison, et stigmatiser la conduite tenue à mon égard dans des termes dont je n'oserais pas me servir; il se trouve placé dans des conditions d'indépendance et d'honorabilité qui ne permettent à personne de suspecter sa parole; c'est à lui que j'adresse tous ceux d'entre vous qui croiraient les termes de ce rapport exagérés; il leur dira si je suis en dehors de la vérité. Et que ceux-là qui n'ont point voulu risquer cinq cents francs pour que les idées napoléoniennes eussent un organe à Bordeaux, quand non-seulement ils étaient certains de ne les point perdre, mais quand ils avaient de plus la certitude d'un bénéfice plus qu'ordinaire; que ceux-là, dis-je, n'aillent point essayer de prêter à M. E. Louit des vues intéressées. C'est après chacune des complications que vous allez connaître qu'il risqua une nouvelle somme; c'est en présence des périls que j'ai dû braver qu'il ouvrit sa caisse, indigné qu'il était de voir traiter un père de famille comme je l'étais pour seul crime d'impérialisme; et convaincu, comme il l'est encore, qu'un jour viendra où justice sera faite d'en haut. M. E. Louit a contribué à la création du *Journal de Bordeaux*, mû par le sentiment qui vous a poussés tous à tenter ce que refusaient obstinément de faire les hommes que l'Administration avait accablés de ses faveurs et honorés de son aveugle confiance; il a persisté à me seconder, parce que, depuis un an qu'il ne me quitte pas du regard, il aura pu se rendre compte de la fausseté des calomnies répandues sur moi. Il a accepté enfin l'entière responsabilité matérielle du *Journal de Bordeaux*, parce que, né dans cette ville, devenu au milieu de vous riche par son travail, certain que tous les mensonges viendront se briser à ses pieds, exempt de toute ambition personnelle, et complétement dévoué à l'Empereur, il sait qu'autour de notre journal, sans crainte que lui en veuille user jamais à son profit, le noyau napoléonien, constitué à grand'peine, peut se développer et grossir; parce que M. E. Louit est de ceux qui croient avec raison que la transformation de Bordeaux n'est possible qu'après un déplacement des influences, logiquement devenu nécessaire par l'ascension de jeunes et vaillantes individualités élevées par leur travail, sous le rapport de la fortune et de l'importance sociale, au-dessus des hommes dont l'Administration préfectorale persiste encore à s'entourer. Consultez-vous un instant, et dites-moi si je ne suis pas dans le vif de la question bordelaise; si tout le mal ne vient pas ici de ce que les légitimes influences sont écartées des affaires publiques par les représentants de l'autorité dans notre ville. Ceux qui font vivre le peuple par le travail et la circulation du capital sont les mieux à même partout de prêter à l'Empire un concours à la fois fécond et loyal; que cette vérité reçoive à Bordeaux son application comme partout ailleurs où le passé réagit encore; et je défie à aucune idée hostile à l'Empire de prévaloir jamais.

Ne devais-je point penser qu'une fois les difficultés de l'enfantement vaincues et la force nouvelle mise à la disposition de l'Administration, le représentant de cette dernière n'hésiterait pas à se prononcer entre moi, qui venais de lui fournir l'occasion d'apprécier la situation dans laquelle il s'était malheureusement laissé isoler par un entourage funeste, et les personnes composant cet entourage? Je lui avais ouvert les yeux sur leurs plans; je lui avais vingt fois prouvé qu'il avait tout avantage à chercher la base de son action nouvelle dans votre dévoûment, appuyé de sacrifices réels et d'une participation spontanée à notre œuvre si ostensiblement napoléonienne. C'est pour ne point avoir voulu faire tourner votre participation généreuse au profit de ceux-là qui l'avaient raillée; c'est pour avoir soutenu que les forces vives de l'impérialisme bordelais étaient en vous et autour de vous, que je me suis aliéné M. de Mentque, dont je déclare n'avoir jamais eu qu'à me louer comme homme, et qui eût été à la hauteur de sa mission s'il avait pu secouer cette préoccupation administrative qui fait que le fonctionnaire français, depuis la chute du premier Empire, subordonne son devoir à son individualité, et ne songe qu'aux moyens de se réserver en cas de catastrophes. Cette préoccupation fit, à mon égard, d'un homme au cœur excellent un homme impitoyable ; s'il arrêta ma perte et celle de notre journal, ce ne fut que poussé par le désir de conserver certaines amitiés et certains appuis dont il eût été de son devoir de ne point tenir compte, et qui lui feront regretter un jour de m'avoir méconnu. Que de fois, à propos de votre municipalité, par exemple, dont la situation actuelle n'a pas de justification possible et dont l'inertie rejette votre ville en arrière d'un demi-siècle sur les autres villes importantes de l'Empire; que de fois je l'ai entendu convenir que j'avais raison, mais que rien ne pouvait être changé à cette situation. Eh bien! je le déclare de nouveau ici comme je le lui déclarai alors : c'est manquer à sa mission que d'obéir à des considérations étrangères au salut public; c'est faire injure à un héros que de le supposer capable de préférer la satisfaction d'amour-propre de sa parenté au salut moral et matériel de la seconde ville de France. Du reste, les personnes étaient-elles pour moi quelque chose? Non, les actes étaient tout. Je l'ai prouvé en proposant plusieurs fois à M. Castéja de revendiquer moi-même l'apparence de tous les torts, s'il voulait faire quelqiue chose pour la transformation de Bordeaux. On avati été hostile au journal en arguant de mon indignité, je l'oubliai; mais pouvait-on arguer de l'indignité de la France impériale elle-même, quand on se refusait obstinément à faire un seul pas dans la voie progressive? Hélas! je m'apercevais aussi d'une chose que nul ne peut démentir : c'est que l'influence des journaux hostiles n'était pas le fait de la population bordelaise ; qu'elle était subie et secondée dans ses développements, non-seulement par le concours et par la tolérance des personnes dont le devoir était de la combattre, mais encore au moyen d'une rédaction occulte et parfois publique recrutée souvent parmi les fonctionnaires eux-mêmes. A l'heure présente, le *Journal de Bordeaux* ne compte pas cent fonctionnaires sur ses listes d'abonnement; il ne les y a jamais comptés; toutes les administrations, à de rares exceptions près, font exécuter leurs travaux typographiques par l'imprimerie de *la Gironde*, et presque tous les fonctionnaires reçoivent ce journal. Je ne le cache point à mon adversaire, je voulais qu'un tel état de choses cessât, et je me demande si, au cas d'un triomphe de ses idées, il ne serait pas du même avis que moi, en admettant que la proposition fût renversée et que les employés de ses tribuns subventionnassent directement les organes anti-révolutionnaires. Le plus simple bon sens indique d'avance sa réponse à cette question, et le penseur tant soit peu sérieux sera plein d'inquiétudes sur l'avenir, tant qu'un Ministre de l'Intérieur, décidé à trancher dans le vif, n'aura pas déclaré d'une façon claire et nette que l'employé est payé, l'administrateur municipal honoré par le Gouvernement pour autre chose que pour faciliter la tâche de nos irréconciliables ennemis.

Dans la voie napoléonienne indépendante, le *Journal de Bordeaux* avait, en deux mois, jeté plus de lumière et groupé plus de sympathies réelles autour de ses rédacteurs que les organes les plus importants ne le font d'ordinaire en plusieurs années; il avait triplé le nombre des abonnés des deux journaux dont il venait d'hériter, lorsque le procès qu'il avait intenté à la *Gironde* se déroula devant la police correctionnelle. Certes, je m'attendais à ce que nos adversaires déployassent toutes leurs forces et toute leur adresse pour triompher de moi; c'était plus que leur droit, c'était leur devoir vis-à-vis de leur parti; et lorsque, par son recul devant toute polémique, le rédacteur en chef de *la Gironde* avait avoué son infériorité comme combattant d'avant-garde, il était naturel qu'il cherchât à se relever comme stratégiste. On m'avait prévenu qu'il mettrait tout en œuvre dans ce but, mais je me reposais tranquille sur l'Administration et sur l'impartialité du parquet dont elle devait avoir éclairé les investigations. Déplorable confiance que la mienne. Tant que durèrent les débats, le Préfet de la Gironde demeura cloué au lit par un malaise qui ne lui permettait aucun mouvement; tous ceux dont l'appui naturel me semblait d'avance acquis facilitèrent la tâche de mes adversaires, et les avocats de ceux-ci se chargèrent, en revanche, de glorifier l'homme qui, le premier à Bordeaux, m'avait conseillé de fonder un journal pour combattre la *Gironde*. Arrêté dans ma défense, je fus obligé de déclarer qu'à une autre époque, plus de liberté m'avait été laissée pour attaquer le gouvernement du général Cavaignac qu'il ne m'en était accordé alors pour sortir de la situation inattendue qui venait de m'être faite. Je dois avouer que je n'en sortis pas triomphant, et cela, parce que l'on avait hésité à patronner moralement l'écrivain dont on connaissait tous les sacrifices, et dont la vie était assez transparente pour qu'on en pût répondre. Pourtant, ce qu'il était du strict devoir de faire alors, eût été de la plus simple adresse au cas même où je n'eusse point été digne d'être défendu. Comment ne comprenait-on pas que je n'étais point en cause, et que chaque coup porté à ma réputation était une atteinte au principe gouvernemental dont j'étais l'avocat? Comment l'Administration pouvait-elle oublier qu'en ne fournissant pas au parquet les moyens de venger mon honneur, elle donnait à nos adversaires et même à nos amis le droit de s'étonner qu'elle eût pu accepter mon concours? Cette facilité à immoler ses alliés en holocauste aux passions est un bien mauvais moyen d'arriver à s'en faire d'autres; elle est surtout un indice profond de faiblesse devant le danger et de l'empressement qu'on met à céder le terrain devant les ennemis de l'Empire. Aujourd'hui que j'ai eu le temps de réunir les matériaux nécessaires à la confusion de mes calomniateurs, je tiens à votre disposition, depuis les lettres amicales de cet alcalde-corregidor de Barcelone, qu'on prétendait irrité contre moi pour une poésie dont je puis également vous donner connaissance, jusqu'au moindre des dossiers relatifs à la liquidation de la *Revue*, dont il va être question de nouveau plus loin. Tout cela, vous l'avouerez, n'a rien à voir cependant avec mon séjour et mes actes à Bordeaux, où mon existence est de verre.

Dès que les débats furent clos, et pendant un petit voyage que je fis immédiatement au château de M. le marquis de La Grange, un des membres de mon comité envoya sa démission à M. Arman et prit, envers des tiers, l'engagement d'en faire constater l'envoi à la *Gironde*, afin que le journal de nos adversaires bénéficiât de ce scandale. Ce membre était M. de Bethmann, le seul de mon comité qui appartînt à l'Administration par son titre d'adjoint au maire de Bordeaux. Les quatre autres personnes dont il se composait ne se devaient en rien à la mission acceptée par elles, et déclarèrent cependant qu'elles persistaient à la remplir; que ce n'était pas dans un moment semblable, qu'on devait hésiter à demeurer à la droite d'un écrivain patronné pour ses idées napoléoniennes. Vers la même époque, des

poursuites étaient dirigées contre moi p. outrages par.

par M. Boulan, avoué de M. G. Curé, afin de m'amener à opérer le remboursement des six actions que possédait ce dernier dans le *Mémorial*. Je dus opérer ce remboursement, tant l'honorable député tenait à ne point paraître soutenir le journal impérialiste, qui devait plus tard lui conserver le mandat de député de la Gironde. La lutte était donc désormais multiple. Je n'avais pas seulement à combattre l'organe révolutionnaire dont toutes les évolutions étaient compréhensibles et dont on augmentait l'importance à plaisir; j'avais à me défendre surtout contre l'entourage de M. de Mentque, contre ce haut magistrat lui-même, contre tous ceux qui m'avaient du reste déclaré à l'avance que, si leur appui pouvait être acquis à l'écrivain monarchique, il ne le serait jamais à l'écrivain impérialiste. Prier mon comité de me suivre dans la mêlée eût été me montrer indigne de l'acte courageux qu'avaient fait ses membres en refusant d'imiter M. de Bethmann. Je devais m'exposer seul à toutes les colères, ne compromettre que moi, ne revenir me placer sous l'égide de leur honorabilité qu'à l'heure où tous les dangers et toutes les amertumes seraient écartés. Je déclarai que cette résolution était la mienne, et seul je fis tête à tous mes adversaires, à tous mes ennemis. Je crois pouvoir assurer que je le faisais victorieusement, lorsqu'une circonstance incroyable vint ajouter encore aux difficultés que j'avais à vaincre.

M. de Mentque fit un jour prier M. Louit de passer chez lui; il l'engagea d'abord par insinuation à me retirer son appui; mais voyant que M. E. Louit comprenait d'autre façon les engagements pris, il lui signifia que, si la chose n'avait pas lieu de bonne volonté elle aurait lieu de force, et que, pour y arriver, il aurait au besoin recours à une arme dont la *Gironde* n'avait pas osé se servir, arme mortelle, disait-il en ces termes : — « La direction de la Presse, en » agréant M. G. Hugelmann comme directeur pro- » priétaire du *Journal de Bordeaux*, a oublié qu'un » failli non réhabilité ne peut diriger un journal, et » cela me suffit pour briser du jour au lendemain » M. G. Hugelmann sur cette simple dénonciation. » Je suis un doux entêté, la chose sera. » — M. Louit vint m'apprendre le résultat de cet entretien; je l'accompagnai ensuite à la Préfecture où j'eus une explication avec M. de Mentque, qui persista à m'imposer, d'un côté ma demission, tandis qu'il faisait entrevoir de l'autre à M. Louit que les annonces judiciaires seraient retirées au journal à la moindre résistance de ma part.

Il est bon d'ajouter ici qu'un mois auparavant, le Préfet de la Gironde avait fait avorter une vaste combinaison dont les résultats pouvaient avoir une grande influence sur la réorganisation de la Presse gouvernementale. Il est de mon devoir de vous initier à cette combinaison. J'avais appris, pendant un voyage à Paris, que le journal la *Nation* avait besoin de capitaux, et j'avais conçu le plan de l'acquérir en partie pour en faire le pivot d'une organisation départementale qui eût embrassé les cinq principales villes de France, d'où un journal dans le genre du nôtre eût ensuite embrassé les chefs-lieux des départements environnants. Je m'étais entendu à ce sujet avec un homme de grand talent ; j'avais obtenu d'importants concours pour la réussite de cette combinaison, lorsque j'appris que M. Morel, le gérant de la *Nation*, qui s'était rendu à Bordeaux pour causer chiffres avec moi, avait été détourné de se rendre dans mes bureaux. Le Préfet m'avait appelé, ainsi que M. E. Louit ; et nous avions été fort étonnés de le trouver, de son propre chef, réduisant notre affaire aux regards de M. Morel à la simple absorption de notre propriété par la *Nation*. Je n'ai pas besoin de vous dire qu'une énergique protestation de ma part brisa toute négociation sur ce terrain. Je profitai de la circonstance pour faire connaître en face à M. de Mentque ce que je pensais non-seulement du procédé, mais encore cette persistance à me sacrifier uniquement pour me punir de mon dévouement aux idées napoléoniennes.

C'était donc le second assaut de ce genre que j'avais à soutenir ; mais le dernier paraissait décisif. Immédiatement au sortir de la Préfecture, M. E. Louit, me promettant de parer ici à la situation, m'engagea à partir pour Paris et à y plaider notre cause à tous auprès du Ministre de l'Intérieur. Avant d'aller plus loin, je constate ici qu'une des raisons qui avaient déterminé M. de Mentque à agir de la sorte, était, disait-il, la pression qu'exerçaient sur lui plusieurs personnes indignées de la publication d'une série d'articles sur MM. Laisné, Ravez et de Martignac. Je ne suis pas l'auteur de ces articles, mais j'avais prié mon collaborateur M. Matagrin de les écrire, et je regrette de ne point avoir eu le temps de les rédiger moi-même, bien que je ne les eusse pas mieux écrits. MM. Laisné, Ravez et de Martignac ont été des orateurs illustres, des hommes privés qui peuvent être chers aux souvenirs de leurs compatriotes; mais je suis impérialiste, moi; je ne pouvais souffrir que, publiquement, on osât présenter comme les modèles du devoir et les champions de la liberté, ceux qui livrèrent la France aux Cosaques et présidèrent à l'organisation des cours prévôtales; mais je ne pouvais me taire sur un banquet qui était un mot d'ordre et qui inaugurait, sous les yeux mêmes de la Préfecture de la Gironde, cette grande coalition électorale dont les tristes résultats nous affligent encore. Un Préfet de l'Empire voulait me briser pour ne pas m'être tu devant le péril. Et remarquez-le, Messieurs, toutes les fois que j'ai fait ou que je ferai allusion dans ce rapport, à une pression subie par l'Administration préfectorale, ce ne sera jamais à celle des napoléoniens, que je ne prétends pas voir peser exclusive sur le gouvernement, mais qui au moins serait compréhensible. Cette pression-là est méprisée par l'Administration actuelle; et quand une chose se fait, c'est toujours en vue, dit-on, de ne pas déplaire à tel ou tel de nos adversaires. Les légitimistes sont les moins écoutés, bien qu'ils le soient plus encore que nous; et cela se comprend, ils sont les derniers dans l'ordre des possibilités de l'avenir.

J'arrivai à Paris. Déjà, une première fois, j'avais eu l'honneur de m'entretenir avec M. le comte Treilhard, successeur de M. Imhaus, dont j'étais particulièrement connu, et qui m'eût probablement épargné les ennuis que j'ai dû subir depuis un an. Or, savez-vous de quels renseignements j'avais trouvé ce haut fonctionnaire nanti sur mon compte? M. le comte Treilhard était convaincu que j'ignorais l'orthographe, et que j'étais incapable d'écrire une ligne en français. A-t-il depuis changé d'avis? Je vis S. Exc. M. Billault dès le jour de mon arrivée à Paris; il savait, lui, que je n'ignorais pas l'orthographe; il était à même de témoigner de mon dévouement sincère et désintéressé. Je lui exposai les faits; et il s'expliqua alors le sens d'une carte de visite déposée l'avant-veille sur son bureau, de la part de M. de Mentque, et sur laquelle il y avait à peu près ceci : — « Ne vous » émeuvez pas de ce que je vais faire à Bordeaux,

» c'est pour le bien; je venais vous en entretenir;
» mais j'ai eu le regret de ne vous point rencontrer. »
— Je n'ai pas à trahir ici le secret de mes entretiens successifs au sujet du *Journal de Bordeaux* avec l'illustre homme d'Etat. Il sait la vérité sur notre ville aussi bien que vous; il la connaissait avant que je l'en entretinsse; il comprend ce qu'il faudrait pour que Bordeaux se développât; et son appui complet, énergique, prouvé par des démarches personnelles, ne me fit point défaut. Il me donna le conseil de ne signer aucune démission, de tenir tête à M. de Mentque jusqu'aux gendarmes, s'il le fallait, et de persister dans la conviction où j'étais qu'un failli non réhabilité peut, en tout état de cause, posséder et diriger un journal, surtout lorsque l'Administration l'a tacitement déclaré en l'agréant, lorsque ses dettes sont payées, lorsqu'il est à la veille d'obtenir sa réhabilitation. Je ne ferai plus allusion à S. Exc. M. Billault dans le cours de ce rapport. Bien que ait cru pouvoir affirmer que l'illustre homme d'Etat a dit qu'en me brisant on rendrait un service à la France, je suis certain qu'il m'estime; je suis certain qu'il sait tout aussi bien qu'onmoi que le retour de pareilles récriminations ne sera impossible, et l'impérialisation de la France certaine, que lorsqu'on aura eu l'énergie de mettre le doigt sur le vif de la plaie, en régénérant l'Administration de l'Intérieur.

M. Arman se trouvait avec moi à Paris; il m'accompagna au Ministère de l'Intérieur; à ce propos même, il faut que je liquide aussi avec l'honorable député, et autant à son profit qu'au moral mien, un malentendu qui en ferait à tout autres regards qu'aux miens, un homme à double face. Ce que je pense sur Bordeaux; ce que j'ai dit et écrit sur les hommes et sur les choses de notre ville, c'est dans mes entretiens avec lui que j'en ai puisé le sujet; il a été pour ainsi dire la pierre de touche à laquelle j'ai éprouvé les opinions locales que je me suis faites. Lorsqu'en présence de M. de Mentque je dis tout ce que j'ai écrit depuis dans ma brochure sur la situation de la Gironde, je me retournai vers M. Arman, et je déclarai que je raisonnais d'accord avec lui. Au Ministère de l'Intérieur, il en fut de même, et je parvins enfin à faire bien et dûment constater par lui devant moi les causes de désorganisation et d'affaiblissement qui semblent avoir condamné le département de la Gironde à une décadence certaine; j'exposai également alors sans qu'il me démentît la vérité au sujet des élections prochaines; et je ne pense pas qu'aucun des personnages avec lesquels j'eus l'honneur d'entrer à cette époque en relations puisse affirmer que je me suis trompé sur quoi que ce soit, malgré ma prétendue ignorance de l'orthographe. Seulement, on a persisté dans les mêmes errements. Ne serait-il pas temps, aujourd'hui que j'ai accumulé sur moi toutes les colères que fait surgir toujours l'explosion première de la vérité; ne serait-il pas temps, pour M. Arman, de prendre enfin la parole dans l'intérêt du département, et de déclarer franchement qu'on ne peut le laisser plus longtemps rouler, sans crime de lèse-nation, sur la pente fatale où il est emporté? Si M. Arman refuse de faire cette déclaration, est-ce à haute voix qu'il redoute qu'on attribue son dévouement à une ambition personnelle, ou est-ce qu'il ne pense pas ce qu'il m'a dit? Fatal motif de paralysie morale introduit dans nos mœurs par le faux libéralisme, que cette maxime qui insinue aux hommes de ne point marcher en avant de peur d'être taxé d'ambition, ou que cette prudence qui leur impose deux opinons. Une ville, un département sont en décadence; on sait ce qu'il faut pour les relever, et on reculerait devant l'indication du remède de peur d'être accusé de convoiter les situations hors desquelles on ne peut faire le bien? Où cela nous conduirait-il? Vous êtes, vous, M. Arman, le chef de l'impérialisme girondin indépendant, c'est-à-dire le chef des hommes dévoués sans lien forcé avec l'Administration; vos amis savent que la grande industrie et le commerce à large vue n'ont pas ici d'interprète plus naturel et de symbole plus défini que vous; il est de votre devoir alors de prendre résolument la tête, et de déclarer même que vous voulez la prendre, plutôt que de laisser aux circonstances le soin de vous porter en vue par la force des choses.

et lorsque tant de mal sera fait qu'il ne sera peut-être plus temps de le réparer. Il est une heure décisive dans l'existence des villes comme dans celle des nations; quand on laisse passer cette heure sans l'entendre, c'est qu'on se suicide. Du reste, il faut être franc ici : Oui ou non, partagez-vous tout haut les opinions que vous avez partagées tout bas?

Le Ministre de l'Intérieur exprima sur ma démission une opinion semblable à celle de son collègue alors sans portefeuille; l'arrêté accordant les annonces judiciaires au *Journal de Bordeaux* était parti depuis quinze jours, et le matin même de ma dernière visite au ministère, l'ordre télégraphique de le faire publier était envoyé à dix heures ici. Je déclare que l'insertion des annonces judiciaires obligatoire dans les journaux napoléoniens me paraît de toute justice; car il serait singulier de fournir de nouvelles armes à des adversaires auxquels malheureusement on en fournit déjà trop. Cependant, si ce privilége devait être pour ces journaux un moyen de pression, il serait digne de leur part de le repousser et de laisser l'Administration compléter son système prétendu conciliateur, en enrichissant ceux qui combattent les idées napoléoniennes. Ma démission était cependant toujours promise à M. de Mentque par M. le comte Treilhard; le Préfet de la Gironde donnait, pour motif de son exigence, la résolution où était, assurait-il, M. G. Curé de porter à la tribune le fait de mon élévation à la direction d'un journal, malgré ma non-réhabilitation. Je pris le parti de prouver que l'homme véritablement fort ne craint pas de s'en remettre à la seule vérité pour vaincre; je pris une plume, et j'écrivis spontanément, librement, ma démission conditionnelle de directeur, rédacteur en chef et gérant de notre journal, m'engageant à ne reprendre ces titres qu'au lendemain de ma réhabilitation à laquelle j'allais travailler de suite. Un gérant provisoire fut nommé, sous la responsabilité duquel fonctionna le journal, et je revins à Bordeaux après avoir chargé une personne de poursuivre, à Paris, le paiement de mon dernier dividende.

Je n'avais pour toute défense contre mes ennemis de l'Administration que mon dévoûment bien connu à l'Empire; devinant qu'on allait essayer de le révoquer en doute auprès de l'Empereur, je résolus d'écrire un ouvrage qui serait à la fois mon *credo* politique et le catéchisme napoléonien des masses. Je passai pendant trois mois toutes mes nuits à l'écrire, non loin, comme je l'ai dit dans sa conclusion, du berceau de mes trois fils; et quand j'eus terminé les deux volumes dont il se compose, je me préparai à repartir pour Paris, afin de les remettre moi-même à l'Empereur. Contrairement à la maxime que j'ai combattue plus haut, je crois qu'on ne doit point avoir la fausse modestie de s'aveugler sur ce dont on est capable et de reculer devant l'examen par soi-même de ses proprès œuvres. La *IVe Race* n'est pas un livre qu'il faille juger ainsi qu'un ouvrage ordinaire; c'est une sorte de légende comme il en faut pour inculquer au peuple les vérités morales en même temps que les vérités historiques; c'est une relation des faits importants qui prouvent la légitimité providentielle de la dynastie napoléonienne, du moment où on les étudie avec le flambeau de la conviction. Le mérite littéraire de la *IVe Race*, je ne souffrirai qu'on le révoque en doute que lorsqu'on m'aura permis d'en faire des lectures publiques de village en village aux familles pour lesquelles je l'ai écrit. Si ces lectures ne produisent pas l'effet que j'en attends, je conviendrai que je ne suis pas un écrivain. Mais admettons d'avance cette dernière hypothèse: le titre seul de l'œuvre ne devait-il pas mériter l'attention de l'Administration et provoquer l'adhésion de tous les grands journaux dont elle dispose? — « Votre œuvre » ne sera point connue, me fut-il dit; elle ne par- » viendra pas à l'Empereur, et dans le silence elle dis- » paraîtra. » — Tout ce qui, dans cette prédiction, pouvait dépendre de l'Administration s'est réalisé; et si trois éditions de mon œuvre se sont écoulées rapidement, c'est à mon unique persévérance que je le dois. Patronner ce livre, mais ce serait avouer qu'on veut faire de l'impérialisme! Comment avez-vous pu penser à ce titre; qu'est-ce que c'est que votre *IVe Race* et votre légende impériale? Voilà ce que je n'ai cessé d'entendre de la bouche des hommes que cette IVe Race laisse grandir à son ombre et se préparer à des événements faciles à prévoir, si on ne prend une sérieuse détermination. Ah ! autrement raisonnent le peuple, l'industrie, le commerce, l'armée, le clergé, tout ce qui, en dehors de l'Administration de l'Intérieur, aime l'Empire et croit à lui; autrement raisonnent les sept millions de votants qui l'ont fait et dont on immole chaque jour la volonté aux coryphés des partis hostiles ; c'est, grâce à cela que les espérances entretenues ne pourront aboutir. Cette quatrième race dont on nie l'existence et qu'on accepte cependant de servir, elle se perpétuera dans sa force et dans sa légitimité, parce qu'elle les puise aux entrailles mêmes du Pays ; et si, par de l'ingratitude et des concessions funestes, quelque nouvelle catastatrophe survenait, on ne la traverserait que pour aboutir de nouveau à un Napoléon. Je ne pus obtenir cependant d'arriver jusqu'au cabinet de l'Empereur, et si je n'avais eu l'honneur de causer longuement avec M. de Persigny, avec M. Haussmann et avec plusieurs autres personnages, mon voyage eût été inutile. Je ne veux dire ici qu'un mot de ces entretiens; c'est que les véritables amis de l'Empereur sont parfaitement au fait de ce que j'ai le courage d'écrire dans ce rapport; c'est qu'ils reconnaissent la nécessité où ils se trouvent de veiller enfin à ce que l'impérialisation réclamée par la vraie

France s'opère vite, s'ils veulent conjurer les plus grands périls; c'est qu'à l'époque dont je parle il était décidé, en principe, que cela aurait lieu. A la porte du cabinet de M. de Persigny, je retrouvai l'inertie anti-napoléonienne debout, les obstacles multipliés, et les ordres donnés par lui pour la vulgarisation de mon œuvre complétement méprisés. On sait comment cet éminent homme d'État est sorti du ministère, comment le fait administratif semble l'avoir emporté sur l'idée et le dévoûment napoléoniens, en exposant la France à toutes les audaces des trente élus de la perfidie et de l'égarement. Je me console et j'espère; car j'ai là sur mon bureau la lettre par laquelle M. de Persigny s'est abonné, de Chamarande, au *Journal de Bordeaux*, dès le lendemain de son départ du ministère, et je relis le décret qui crée duc l'homme qui a eu le clairvoyant courage de foudroyer l'orléanisme renaissant.

La veille de mon départ pour Paris, une nouvelle importante était parvenue à Bordeaux; M. de Mentque avait été élevé à la dignité de Sénateur, et M. Pietri chargé de l'administration du département de la Gironde. J'allai offrir moi-même à M. de Mentque un exemplaire de la *IVe Race;* je fais appel à sa mémoire, et je le défie de me démentir quand j'affirme qu'alors il reconnut avec moi que j'avais été constamment dans la vérité, mais que la vérité est chose redoutable en certaines circonstances. Elle me laissait, en effet, en proie à mille ennuis pour me récompenser de l'avoir défendue, tandis que ceux qui l'avaient empêchée de prévaloir recevaient en récompense des marques augustes de satisfaction. Eh bien! malgré cela, je me sentais heureux de l'amer témoignage qui me restait de mon culte pour elle, et je n'enviais pas l'apparente satisfaction de ceux qui étaient obligés de convenir qu'elle ne les avait point comptés parmi ses défenseurs.

Je vis M. Pietri dès son arrivée; il venait réparer des maux dont il avait connaissance; il avait pleins pouvoirs; il irait au vif de la question et porterait haut et ferme le drapeau napoléonien. Seulement il me priait, pour faciliter sa mission, de m'abstenir d'écrire jusqu'à ma réhabilitation, me conseillant même de m'adjoindre quelque vaillante plume parisienne qui pût lutter à mon côté. Sachant parfaitement qu'aucune plume ne vaut des faits, je me reposais sur l'action du Sénateur, qui ne pouvait manquer d'être immédiate. Dès l'arrivée du nouvel administrateur, le chef de la municipalité avait prétendu qu'il était disposé à tout faire; il avait promis le percement de rues, la plantation de squares, la présentation d'un plan d'ensemble, et particulièrement l'achèvement de la rue Vital-Carles pour le quinze août suivant. A ce sujet même, des correspondances télégraphiques avaient aplani les obstacles; tout allait changer en quelques jours; on déclarait en outre que, si la transformation n'avait pas encore eu lieu, la faute en était au Préfet de la veille, dont on tournait la bonté à crime et la condescendance à incapacité. Je déclarai à M. Pietri qu'on l'abusait, et que rien ne serait fait. Me suis-je trompé? Mais ce que je cherchai surtout à lui faire comprendre tout d'abord, c'est que sa mission serait sans résultat, s'il n'attaquait le mal de front; s'il ne déplaçait les influences selon les règles de la justice et de la logique; s'il ne faisait pas choix pour Bordeaux d'un candidat à la députation dont l'élection pût affirmer le triomphe toujours simultané des idées napoléoniennes et des intérêts du département. Une commission municipale et un candidat sérieux, tout était là; les populations, qui se trompent rarement sur ce qui peut ouvrir l'ère des grandes choses, ne s'attendaient pas à voir le Sénateur administrateur suivre une autre voie à Bordeaux. Quant au reste du département, on était certain que sa haute perspicacité, éclairée par son dévouement, saurait partout concilier le choix indépendant des masses et l'intérêt napoléonien. C'est dans ces dispositions réciproques que j'avais laissé notre ville et M. Pietri. Quelques heures avant mon départ de Paris, le directeur de la Presse me donna à entendre qu'on désirait beaucoup que M. Ulysse Pic écrivît dans le *Journal de Bordeaux*; d'un autre côté, il m'était revenu qu'en mon absence les personnes dont l'amitié perfide avait été si funeste à M. de Mentque, n'avaient rien négligé pour me représenter comme impossible à M. Pietri, et que ce dernier s'était enfin laissé arracher par elles la promesse de me briser à bref délai. Je ne connaissais pas personnellement M. Ulysse Pic; mais il m'avait suffi de lire une attaque de lui contre moi-même pour le juger homme de talent, et par conséquent pour désirer qu'il me jugeât. J'acceptai M. Ulysse Pic comme collaborateur; je le priai de venir à Bordeaux; au bout de quelques jours j'acquérais la certitude que lui aussi, ainsi que tous les journalistes napoléoniens de talent, avait à lutter contre les mêmes obstacles que moi, et se voyait continuellement sacrifié par l'Administration à n'importe quel opposant dont on croyait pouvoir ainsi conquérir une adhésion momentanée, et cela malgré la volonté directement exprimée de M. de Persigny. M. Ulysse Pic a fait dans notre journal une courte mais brillante campagne; il en a fait une plus brillante encore dans la *Nation*, puisque, seul contre tous, il a humilié l'orgueil de la coalition des partis. Eh bien !. M. Ulysse Pic est relégué aujourd'hui dans un coin du journal le *Pays*, tandis que l'Administation prodigue les avances aux adversaires de l'Empire. Quand vinrent les élections, il me déclara qu'en présence de ma polémique la sienne devenait inutile, et, avec un désintéressement que je tiens à signaler ici, il se retira sans indmenité d'aucune sorte.

De retour à Bordeaux, je trouvai en effet M. Pietri un peu changé à mon égard et malheureusement imbu de cette mauvaise pensée qu'on pouvait se servir de ma fausse position pour opérer une incessante pression sur moi. Mais cette pensée ne dut que traverser son esprit équitable; et lorsque les élections commencèrent, lorsque l'heure du danger sonna, la libre et complète direction de la polémique me fut abandonnée. Mais hélas! à quoi cela pouvait-il servir, du moment où j'étais condamné à défendre des candidatures qui signifiaient ostensiblement sur plusieurs points, et particulièrement à Bordeaux, le contraire de ma pensée, sinon à prouver qu'en obtenant la victoire avec les éléments les mieux faits pour conduire à la défaite, j'eusse évidemment vaincus bien plus glorieusement avec des éléments meilleurs? Je ne croirai jamais, Messieurs, que l'Empire, issu du suffrage spontané de la Nation, certain d'être aimé des masses et soutenu par elles, servi loyalement par six cent mille héros, dont aucun n'a envie de subir un jour le sort des brigands de la Loire, ait besoin de faire n'importe quelles avances à telle ou telle coterie opposante; je ne croirai jamais surtout qu'il ait besoin d'accepter le concours tacite d'hommes lui imposant pour condition de ne point s'honorer ouvertement de son patronage; je ne croirai jamais qu'il ait à craindre, pour les hommes loyaux qu'il choisirait, de concert avec les électeurs, parmi les plus honorables et les plus laborieux, la concurrence des chefs de partis; je serai toujours convaincu au contraire que, lorsqu'il subit des défaites électorales sur un point quelconque, cela provient de ce que les instruments de l'Administration ont manqué de foi dans le bon sens des populations, et modifié leur devoir dans le sens de telles menaces ou de telles influences individuelles. S'il en était autrement, on devrait sans hésiter se séparer d'un ordre de choses ne reposant que sur l'astuce et le doute Il était facile à Bordeaux d'obtenir la presque unanimité des suffrages en faveur d'un candidat signifiant adhésion enthousiaste des populations à l'Empire ; il s'agissait pour cela de le choisir parmi les hommes qui représentent les intérêts véritables de Bordeaux, et qui puisent leurs titres à la confiance générale dans leur éloignement de toutes les passions politiques. Ils pensaient avoir pour eux, nos administrateurs peu habiles, tous ceux vers lesquels ils dirigeaient leurs avances; ils n'ont eu exclusivement de leur côté que les électeurs qui poussent l'abnégation jusqu'à immoler leur raison et leur cœur au devoir. Pas une seule voix à Bordeaux n'a nommé leur candidat qui n'eût désiré en nommer un autre, et ils n'ont obtenu qu'un résultat : celui d'avoir un ennemi de la veille là où ils auraient pu avoir un fidèle de toujours. Je ne veux rien dire des choix faits pour les autres arrondissements du département, mais je tiens à établir que ma participation aux luttes de cette époque n'a été, comme la vôtre, que celle d'un soldat qui s'expose à mourir en sachant bien que ses généraux l'ont dévoué d'avance et volontairement à une défaite. Pouvait-on hésiter du reste, quand on avait devant soi les partis coalisés enhardis de toute la faiblesse et de toute l'impéritie de leurs adversaires; quand on voyait se déployer à la fois les bannières de l'anarchie et de la réaction monarchique dans un même courant; quand on sentait que les masses hésitantes se demandaient si leur place n'était pas avec l'opposition du moment où l'Empire ne s'affirmait pas ?

Le souvenir de la lutte est encore présent à votre esprit. Vous savez grâce à quels efforts et avec quels hommes nous avons vaincu. Ceux en l'honneur desquels on avait incliné le drapeau napoléonien ne purent pas constituer un comité de dix membres ; nous en constituâmes un de huit cents. Sous la présidence de M. Beaufils et la vice-présidence de M. Heyrim, les industriels se réunirent et se portèrent garants, vis-à-vis de leurs ouvriers, de celui qui, la veille encore, croyait pouvoir se porter garant de l'Empire et accorder à l'Administration la faveur de ne la point combattre. Seul dans la Presse bordelaise, le *Journal de Bordeaux* répondit à tous les feux croisés, battit honteusement le parti orléaniste, et rétorqua les arguments du parti révolutionnaire qui, en présence des déplorables manœuvres de nos chefs, avait pour lui au moins les apparences de la moralité, et des avantages de la franchise. Mes collaborateurs offrirent leurs noms et leurs poitrines; ils signèrent sur les murailles de la ville ce que leur main n'avait pas écrit, ce que leur cœur n'avait pas dicté, mais ce dont leur devoir de napoléoniens leur faisait une loi d'accepter la responsabilité en face du péril. Il est vrai qu'ils sont, ainsi que moi, des hommes qu'on emploie dans ces occasions, et que l'on brise après, sans pitié! Selon, du moins, ce que déclarait il y a quinze jours l'homme qui, devant M. Pietri, m'avait dit le contraire il y a deux mois. Il est vrai que ce comité des industriels se composait de gens dévoués, dont on n'a plus besoin de se souvenir à l'heure où les récompenses pleuvent sur ceux qui ont ouvertement voté contre le gouvernement. Si un pareil système pouvait avoir le dernier mot et ne point exciter la réprobation de l'Empereur, il ne faudrait plus compter sur le concours des masses. Si, à certaines heures, des hommes, investis de la confiance souveraine, pouvaient arriver les mains ouvertes sur certains points, éblouir comme des météores et disparaître désavoués, en ne laissant derrière eux que l'oubli des concours loyaux et des engagements pris au nom de l'Empereur, la décomposition sociale ferait de rapides progrès et les convictions sincères ne pourraient pas survivre à l'ébranlement qu'elles auraient reçu. Le secret de la transformation de Bordeaux; la possibilité de cette transformation; la base d'opérations d'un administrateur dévoué à l'Empire, sont dans le noyau d'hommes qui a donné son argent pour notre journal, et qui a fait le sacrifice de ses sympathies pour contribuer au triomphe de M. Curé. Quelques-uns d'entre vous savent, Messieurs, quelle opinion exprimait à ce sujet M. Pietri au lendemain des élections; alors qu'il avait la preuve des trahisons; alors qu'il se souvenait des démarches vaines faites par lui pendant trois jours auprès du chef de la municipalité, sur les instances du comité des industriels, pour en obtenir un manifeste napoléonien en faveur de M. G. Curé, manifeste que j'avais rédigé à l'avance, sur les indications de M. Beaufils, avec la certitude qu'il ne serait point signé. Où en étaient les squares, les percements de voies, les travaux annoncés, l'achèvement de cette rue Vital-Carles si formellement promis? Où ils en sont encore aujourd'hui; où ils en seront tant que l'esprit de coterie l'emportera à Bordeaux sur l'intérêt général par la faiblesse de l'Administration.

Nous étions tous encore sous l'empire des impressions qu'avait fait naître en nous une victoire si chèrement achetée, lorsqu'arriva à Bordeaux la nouvelle du changement de ministère, qui devait être suivi de la retraite de M. Pietri. Il ne m'appartient pas de manifester ici mon opinion sur cet événement; mais il ne peut, je le certifie, avoir la signification que lui attribuent ceux-là même qu'il a élevés. Si des conseillers, ignorants des véritables instincts des masses françaises, avaient pu persuader à l'Empereur qu'il est bon de répondre par de nouvelles concessions à l'abus qu'on a fait de celles précédemment et à tort accordées, ce serait un service à rendre au Souverain que de le mettre à même de constater que ces conseillers sont dans le faux; que la France est lasse des hésitations et des tâtonnements; que c'est justement le contraire de cela qu'elle a acclamé dans le Deux décembre; que ce n'est point par des sourires ni par des avances qu'on terrasse les passions, mais qu'on encourage au contraire les défections; et qu'aux trente élus de la perfidie et de l'égarement, il faut répondre par un appel à l'énergie, à la bonne foi et à la conscience publique, dirigées par des hommes décidés à ne point transiger avec quiconque ne professe pas le culte des idées napoléoniennes. La nouvelle du départ de M. Pietri[1] équivalut au sacrifice de tous ceux qui l'avaient servi, et le triomphe des hommes qui l'avaient trompé éclata sur la ville. L'émeute avait grondé au lendemain des élections; paix fut laissée à l'émeute; tous les projets grandioses furent abandonnés; ce titre d'administrateur du département, gros de tant de promesses et d'espérances, redevint un titre préfectoral aux mains d'un fonctionnaire, envoyé à Bordeaux par avancement hiérarchique, comme si on tenait à mieux constater qu'on jugeait la présence d'un homme ordinaire suffisante pour réaliser les promesses faites par un ami personnel de l'Empereur. Pendant une courte absence de M. Pietri, on avait traîné un de nos maires les plus dévoués devant la police correctionnelle, et sur le dos de ce magistrat on avait publiquement battu le Sénateur, sans qu'aucune interruption vînt empêcher un avocat investi de fonctions de faire allusion aux chutes prochaines et auxfutures restaurations. Dès que j'appris le remplacement de M. Pietri par M. le comte de Bouville et l'arrivée prochaine de ce dernier, je publiai sous le titre de *Situation de la Gironde*, un article que vous connaissez tous et dont aucun démenti n'est venu et ne pouvait saluer l'apparition. M. Pietri me complimenta chaleuresement de l'avoir écrit; me conseilla de le publier en brochure, et cela, en présence de son successeur, en qui, disait-il, il signalait à mon dévouement le napoléonien plus encore que le fonctionnaire. L'article parut donc en brochure le jour même. J'avais pris rendez-vous avec M. le comte de Bouville pour le samedi suivant; nous nous rendions tous les deux à Paris : lui pour en ramener sa maison, moi pour m'occuper enfin de cette réhabilitation que j'avais dû négliger pendant toute la période électorale.

Dès mon arrivée dans la capitale, j'eus l'honneur

de causer avec le nouveau Ministre de l'Intérieur, dont les premières paroles m'apprirent que l'article, approuvé par M. Pietri et publié en brochure sur ses indications, méritait l'entière désapprobation de Son Excellence, et qu'elle venait de faire rédiger, sur les instances de M. de Mentque, un communiqué dont il me fut donné connaissance, et que vous avez lu depuis en tête de notre journal. Il était dit dans ce communiqué que l'Administration tenait à honneur de se déclarer étrangère à la publication de cet article. Je tirai une de mes cartes de ma poche, et je traçai au crayon, sur la table ministérielle, la réponse que je voulais faire à ce communiqué et que vous connaissez également. Je déclarais à mon tour, dans cette réponse, que le *Journal de Bordeaux* tenait à honneur de garder la responsabilité de ce qu'il publiait et de ne point obéir servilement à qui que ce fût. En effet, si le *Journal de Bordeaux*, sous ma direction, a défendu telle ou telle cause, sacrifié telle ou telle de ses convictions aux exigences du moment, attaqué tel ou tel homme ou tels ou tels principes, il l'a fait toujours de son plein gré, et sans qu'aucun de ceux qui lui ont été attachés de près ou de loin ait jamais rien reçu à titre de gratification et même d'encouragement littéraire. Je devais, du reste, une réponse énergique aux hommes qui, à peine émergés de l'obscurité, croyaient pouvoir impunément se railler devant moi l'ami de l'Empereur, dont j'avais pu ne point toujours partager l'opinion, mais donc j'avais au moins constaté l'inaltérable dévouement. Il me fût impossible de joindre cette fois M. Billault. Paris n'est plus dans Paris aux époques d'ardent soleil, et je dus le quitter après avoir hâté la solution de cette réhabilitation, grâce à laquelle je devais être en droit de ressaisir les titres que j'avais volontairement mais conditionnellement abdiqués. Je ne pouvais me plaindre, du reste, de mon voyage; il m'avait permis d'entendre, des lèvres mêmes de M. Haussmann, la lecture du projet d'ensemble que lui avait officiellement demandé M. Pietri à propos de la transformation que Bordeaux réclame avec tant d'urgence. Ah! si ce projet pouvait être exécuté tel qu'il a été conçu, c'est alors que les idées du grand Tourny seraient entièrement complétées et que notre ville serait vraiment à la hauteur de ses destinées. Tout a été prévu, constaté, résolu, par l'auteur de ce projet; qu'un Préfet et un Maire, dignes de l'exécuter, se mettent promptement à l'œuvre, et Bordeaux sera enfin prêt au rôle que lui assure la prépondérance de la France sur la confédération latine. Serait-ce être vraiment criminel, Messieurs, de consacrer ses veilles à l'étude de semblables projets, de subordonner les individualités aux intérêts de tous, de s'irriter à la pensée du bien qu'on ne fait pas et du mal qu'on laisse croître? Je ne le crois pas. Quand la raison aura vaincu la calomnie; quand les passions surexcitées contre moi se seront apaisées, on me pardonnera d'avoir aimé Bordeaux comme je l'aime, et l'on conviendra que je n'étais pas coupable lorsque je rêvais pour lui un avenir en rapport avec les avantages de toutes sortes dont Dieu l'a comblé.

Fidèle au rendez-vous pris avec M. le comte de Bouville, je me trouvai à Bordeaux le jour indiqué et je me rendis auprès de ce fonctionnaire. Si les opinions qu'il m'exprima alors sur les rapports d'une préfecture avec un journal avaient dû rester le programme des siens avec le nôtre, je me hâte de dire que je m'en fusse réjoui, car elles me semblaient conformes à la saine politique. Indépendance complète de l'écrivain vis-à-vis de l'Administration préfectorale, droit pour lui de la censurer ainsi que toutes choses au point de vue impérial et dans les limites de la Constitution, sympathies morales acquises aux journalistes napoléoniens dans les mêmes proportions que celles des chefs de parti le sont à l'homme qui plaide la cause de leurs principes ou de leurs intérêts, en un mot, pas de journal semi-officieux, gêné dans l'expression du vrai et suspecté par l'opinion, grâce au caractère même de ses rapports avec l'Administration. Avec ce programme, le *Journal de Bordeaux* prenait enfin son essor véritable; il pouvait demander les réformes désirées, l'exécution des promesses faites, les transformations nécessaires, et rappeler chacun à l'accomplissement du devoir. Seulement, une loi m'était faite de ne plus attendre ma réhabilitation pour constituer un gérant et un rédacteur en chef définitifs. C'était manquer à un engagement pris; mais c'était parler au nom de la loi, et devant la loi tous doivent s'incliner. Tant pis pour ceux qui se laissent prendre au piége des promesses mensongères. Qu'importe un titre, du reste, à qui se sent seul arbitre du fait et à qui n'ambitionne en échange de ses services aucune vaine satisfaction d'amour-propre. De suite je déposai, de concert avec M. E. Louit, toutes les pièces nécessaires à la reconstitution du journal, présentant cet honorable négociant comme propriétaire, vos droits réservés; M. E. Gassmann comme rédacteur en chef; M. J. Ducasse comme gérant. Il ne manquait plus légalement que l'agrément du ministre, et en nous conformant ainsi à la loi, nous venions de rentrer dans le droit commun et de nous soustraire à cette menace cent fois réitérée depuis un an : — « Si vous attaquez nos amis, » nous profiterons de la situation que vous vous êtes » faite par dévouement, et nous vous briserons. » — Plus d'un mois se passa sans réponse à ce dépôt de pièces, et quelques jours après la fin de la session du Conseil général, M. le comte de Bouville me confessa qu'elles étaient encore dans son bureau. Cette fois donc, il me semble que c'est bien l'Administration qui, volontairement, prolongeait la situation illégale née de ses persécutions contre moi.

Réduit à me taire jusqu'à ce que notre propriété fût délivrée de la menace incessante suspendue sur elle, j'utilisai quelques-uns de mes loisirs à écrire une Revue locale qui a fait assurément plus de bruit que n'en valait une œuvre de ce genre, n'ayant d'autre prétention que celle de témoigner à la Gironde mon désir de ne rien écrire, même d'éphémère, qui ne fût consacré à sa glorification. Mes adversaires eux-mêmes sont convenus dans leurs journaux que ma Revue vaut ce que valent les œuvres de cette nature; c'est tout ce qu'on en pouvait dire. Seulement, en faisant jouer une pièce douée des qualités de mise en scène indiquant la connaissance du métier, je servais à Bordeaux l'idée de cette décentralisation littéraire qui doit, tôt ou tard, régénérer l'art dramatique en France. Une œuvre sérieuse aurait suivi l'œuvre légère, et de ce Cercle artistique dont je m'honore d'être membre, de cette réunion de jeunes esprits entreprenants et distingués, il eût certainement surgi plusieurs écrivains désireux de poursuivre avec moi la réalisation d'une pensée dont l'application rendrait à l'Athènes méridionale sa prépondérance littéraire. La direction et les artistes entrèrent dans mes vues; tout le monde y mit du sien, et des dépenses inusitées furent faites sur la foi de l'hospitalité ou tout au moins de l'impartialité. Un premier ennui fut surmonté, qui venait, bien entendu, de la Préfecture; la pièce renfermait un acte patriotique en faveur de la Pologne, l'un des chefs du cabinet du Préfet me le supprima le jour même où l'on avertissait *la Gironde* pour lui apprendre à ne plus douter du dévouement de l'Empire à la cause de notre sœur du Nord. Un acte nouveau fut improvisé pour remplacer l'acte patriotique, et le jour de la représentation arriva. Je ne veux pas raconter cette orgie, demeurée sans aucun doute dans votre mémoire; cette saturnale qui a soulevé la réprobation de toute la Presse, et qui a rendu votre ville entière responsable aux yeux de la France de la conduite de quatre cents personnes, dont pas une n'osait avouer, le lendemain, qu'elle eût participé au scandale; je ne veux pas vous rappeler que les abords de mon logement étant envahis, je dus me réfugier avec ma femme et mes enfants dans un poste de police. L'œuvre n'avait pas été entendue; avant le lever du rideau, la plus révoltante des cabales, dirigée par le fils de l'homme qui a causé toutes les tribulations du *Journal de Bordeaux*, éclatait en hurlements et en anathèmes contre la pièce, parce qu'elle était de l'écrivain qui a osé relever à Bordeaux le drapeau impérial sacrifié à des passions ennemies. Simple citoyen, n'avais-je pas le droit de compter sur la protection de l'autorité? Attaqué de front comme défenseur des idées napoléoniennes, l'injure qui m'arrivait en face ne rejaillissait-elle pas sur l'Administration? La négation est impossible; et cependant, le lendemain matin, pour tout signe de protection, on m'envoyait le choix par le commissaire central de police, entre le retrait volontaire de ma pièce et sa suspension par ordre. Ainsi, l'autorité, abdiquant son mandat, désavouant le représentant de ses idées, déclarait ostensiblement à ceux qui avaient hué en moi le napoléonien, qu'il est impunément permis de crier haro sur les partisans dévoués de la cause impériale. Je vous le demande, Messieurs, n'étais-je pas en droit de m'irriter contre un tel procédé, et mon irritation ne devait-elle pas s'accroître à mesure que j'acquérais la certitude que la cabale avait été organisée dans le double but de diriger contre le rédacteur en chef de *la Gironde* une accusation perfide, tout en faisant naître l'occasion de justifier, aux yeux de mes amis de Paris, l'impossibilité de mon séjour à Bordeaux. Non, ce n'est pas de *la Gironde* que ces sifflets ou ces huées sont partis; ils ont été lancés exclusivement par les défenseurs du parti Dufaure, dont l'organe officiel entrait la veille en pourparlers avec les dispensateurs des fameuses annonces judiciaires, et dont les coryphées ont ressaisi à Bordeaux la prépondérance que leur avait arrachée un instant la seule présence de M. Pietri. M, Hugelmann d'abord, a-t-il été dit; ensuite M. Lavertujon; c'est-à-dire successivement la vérité dévouée et la vérité hostile; puis, après, les héritiers de Laisné recueillant les marrons tirés à leur profit du feu par l'Administration. En vain, je demandai une enquête sur les brutalités dont ma famille avait été la victime; en vain j'en appelai à la justice, au droit, nulle réponse ne me fut faite; le directeur des théâtres demeura spolié de vingt recettes certaines; les artistes sous le coup des plus grossières injures; l'honorable, pacifique et intelligente population bordelaise sous l'accusation d'avoir encouragé une manifestation qu'elle flétrissait de toutes ses voix; mais on pouvait écrire à Paris que la population me déteste; mais on pouvait me dire : « Souffre l'injure, » toi qui es impérialiste; et puis on verra alors si » les masses ne seront pas enfin convaincues qu'il est » plus avantageux d'être hostile à l'Empereur que » fidèle au culte des idées qu'il symbolise. » Depuis ce jour, plusieurs centaines de personnes m'ont demandé par écrit d'autoriser une représentation privée; j'ai accordé cette autorisation; mais la Préfecture n'a pas voulu que ses rapports à Paris reçussent ce démenti.

Ce n'est pas tout, Messieurs. Quelques jours après ces déplorables scènes, M. le comte de Bouville faisait appeler auprès de lui M. E. Louit, absolument comme l'avait fait M. E. de Mentque, et le plaçait de nouveau entre la suppression du journal ou l'abandon de M. Hugelmann. Aux pièces déposées légalement par nous, on répondait de Paris, assurait-il, qu'aucun des hommes faisant partie de notre rédaction et de notre administration, ne serait agréé comme gérant, rédacteur en chef ou directeur; que nous étions des individus qu'on employait aux heures d'élections pour les briser ensuite; qu'il fallait en finir dans les huit jours ou s'attendre aux mesures les plus rigoureuses. — « Mais M. Hugelmann que vous voulez ruiner a » des enfants! — Qu'importent ses enfants! — Mais » il est connu de M. Billault? — M. Billault a déclaré » que ce serait lui rendre service que de le briser. » — Mais M. Pietri lui écrivait-il il y a quelques mois : » Merci, vous nous sauvez? — M. Pietri assis là, il y » a une heure, me demandait si j'étais enfin débarrassé » de lui. » — Étonnez-vous maintenant, Messieurs, qu'en apprenant de telles choses; qu'en les apprenant d'une bouche qui ne sait pas mentir, j'aie de suite écrit qu'il m'était impossible de paraître, ne fût-ce même que de loin, accepter la responsabilité des actes d'une Administration capable d'accumuler autant de menaces à l'appui d'autant d'illégalités. — J'écrivis la démission que vous savez; elle n'est, vous le comprenez enfin, qu'une rupture entre moi et ceux qui me torturaient depuis un an avec mon dévouement même, qu'un moyen de savoir plus tôt s'ils peuvent oui ou non fouler impunément aux pieds la justice et les lois, en vous dépouillant vous et moi de ce qui nous appartient, et cela parce que j'ai jugé à propos de ne point subordonner la cause impériale aux volontés de ses ennemis.

La propriété du *Journal de Bordeaux* est entière dans les mains de M. E. Louit, mais elle n'es. est pas moins moralement mienne; des conventions que je ne puis par prudence vous faire connaître avant la constitution légale du journal, sauvegardent également nos intérêts communs, ainsi que le prouvé une lettre de l'honorable M. Goubeau, dont je vais vous donner connaissance.

Ce rapport expliquait cette lettre; mais devant les prétentions que nourrit M. le comte de Bouville de mépriser les droits sacrés d'une propriété acquise par dévouement, devant l'arrivée à Bordeaux d'un gérant imposé, je ne m'expliquerai que quand ces droits auront prévalu.

Les pièces déposées à la Préfecture nous ont heureusement replacés sur le terrain légal; M. E. Louit est un propriétaire qu'on ne peut dénier; M. Emile Gassmann est un littérateur d'assez de mérite pour que M. Pietri ait jugé convenable d'accepter son concours, dont le dévouement à l'Empire s'est affiché sur toutes les murailles aux heures critiques, dans des conditions dont ce Sénateur peut seul, en sa conscience, apprécier la loyauté; M. J. Ducasse est un homme sur la moralité duquel il n'y a rien à dire. Je désire que ces personnes soient investies des fonctions demandées pour elles et par elles, fonctions qu'on ne pourrait leur refuser que si elles avaient à se reprocher quoi que ce soit à n'importe quel point de vue. Ma réhabilitation obtenue, je reprendrai la direction officielle de ma feuille; car je ne crois pas qu'il soit possible de m'en dépouiller pour cause de dévouement à l'Empereur. Je n'admets pas que les choses soient placées sur un autre terrain ; je fais appel à la conscience publique pour savoir si l'on peut m'en arracher honnêtement; je fais appel à votre honneur pour me dire franchement si je puis déserter le poste où je me suis conduit sous vos yeux, pendant un an, avec le courage et la persistance que vous savez. — Maintenant il vous reste à apprendre, Messieurs, à quel prix M. E. Louit et moi avons, ainsi que vous, acheté le droit de parler avec énergie. Voici ce que coûte le *Journal de Bordeaux* à ses fondateurs.

Lorsque je me décidai à poursuivre la création du *Journal de Bordeaux*, sur la demande formelle de M. Castéja et les assurances de concours de M. de Mentque, je possédais seize mille francs d'économies, ci. . . . . .F. 16,000

S. E. le duc de Rianzarès mit à ma disposition. 6,000

M. Mame, imprimeur à Tours, me prêta 4,000

TOTAL. . . . . .F. 26,000

La *Revue des Races latines* comptait près de deux mille abonnés inscrits à soixante francs ; ce qui représentait un revenu de plus de soixante mille francs de bénéfices, et toutes les personnes qui me connaissent à Bordeaux savent que j'augmentais chaque jour de quatre ou cinq nouveaux noms la liste des souscripteurs de ce recueil, que je puis du reste vous montrer ; j'avais mon logement à Paris, dont un bail avantageux m'assurait la jouissance pour plusieurs années, mais en me plaçant aussi dans la nécessité d'indemniser le propriétaire en cas de résiliation.

Je puis fournir la preuve que les vingt-six mille francs furent absorbés et au-delà avant ma prise de posssession du *Mémorial*. Pendant près de cinq mois, six personnes, ayant des appointements de cinq cents à deux cents francs par mois, attendirent, à ma charge, cette prise de possession ; et je ne mentionne ici ni les voyages à Paris de plusieurs d'entre elles, ni les frais de circulaires, de prospectus, de résiliation de mon bail de Paris, ni les frais de déplacement de ma famille et les dépenses causées par une situation de doute mortel de plusieurs mois. Quand M. E. Louit commença à me venir en aide, cette somme, je le répète, était depuis longtemps engloutie.

Placé depuis un an dans la nécessité de trembler à chaque heure pour l'avenir de notre journal ; obligé vingt fois d'être errant de Paris à Bordeaux et de Bordeaux à Paris quand les exigences politiques ne me rendaient pas indispensable à l'Administration qui consentait alors à me laisser quelques jours sans ennuis, je n'ai pu m'occuper de ma *Revue*, dont le nombre des abonnés ne dépasse pas aujourd'hui six cents, par suite notamment d'un procès qui m'a été suscité comme obstacle, et qui m'a d'un seul coup fait perdre quatre cents abonnés belges, sans que j'eusse une heure à moi pour faire prévaloir mes droits. Tous les bénéfices de quatre années de travail sont donc anéantis de ce côté; j'en évalue la perte, preuves en main, à un dommage de plus de cinquante mille francs par an, ci, pour cette année seulement. . . . . .F. 50,000

En y ajoutant les 26,000

j'arrive à une perte liquide de. . . . . .F. 76,000

Et cela, vous le voyez, sans capitaliser mes pertes comme directeur de ma *Revue*. Lorsqu'au premier janvier M. E. Louit voulut bien se charger de faire face à toutes les dépenses du *Journal de Bordeaux*, il me sembla loyal de lui abandonner tout notre actif sauf la réserve de vos droits, et de réduire mes appointements au chiffre le plus bas, chiffre sur lequel plus tard je dus payer ceux du gérant provisoire. Ce qui était dû au journal, le matériel neuf, les relations créées, l'idée et le programme qui étaient bien ma propriété unique, l'élévation du chiffre de huit à neuf cents abonnés au chiffre de près de trois mille, j'abandonnai tout cela à l'affaire nouvelle et vous avouerez avec moi que l'élévation seule du chiffre des abonnés, représentant une rente de vingt mille francs de bénéfices nets, sans compter la publicité, je suis modeste en estimant à cent vingt mille francs la plus-value acquise sous ma direction par le journal, puisque deux journaux, ne comptant pas ensemble mille abonnés, ont été vendus plus de trois cent mille francs. Voulez-vous une preuve de l'influence d'un nom sur une affaire et du dommage qu'on vous causerait en m'éloignant? Elle est toute palpitante dans le désabonnement de *plus de quatre-vingts personnes* qui ont abandonné le journal depuis huit jours sur la nouvelle de mon départ. Donc, cent quatre-vingt seize mille francs me seraient dus légitimement par le *Journal de Bordeaux* le jour où la clause qui m'a fait les sacrifier ne serait point exécutée.

Oui, Messieurs, j'ai consommé ces sacrifices; je consens depuis près d'une année à vivre avec ma famille d'appointements mensuels de six cents francs sur lesquels sont prélevés ceux de mon gérant, habitué que j'étais pourtant à gagner le quadruple avec ma *Revue*; je me suis rivé à un travail de quinze heures par jour en moyenne, à une existence d'indécision et de combats, pour aboutir aux menaces qui me déterminent à faire enfin un appel à l'opinion publique et à l'Empereur par votre intermédiaire. Il faut être solidement dévoué à une idée et à l'homme qui la symbolise pour agir ainsi quand on a six enfants. Mais que voulez-vous, je l'ai dit ailleurs : je tiens à leur laisser avant tout pour héritage la certitude que, même dans la plus douloureuse des situations, on n'est pas à plaindre quand on a pour soi la conscience du devoir accompli.

Il est cependant des exigences matérielles auxquelles le dévouement le plus absolu ne peut faire face sans le concours d'un capital ami. Ma réhabilitation ne pouvait être poursuivie sans le paiement du quatrième dividende que la création du journal ne me permettait plus de couvrir, puisqu'elle avait absorbé mes ressources. M. E. Louit m'a avancé personnellement tous les capitaux nécessaires à ce paiement, et il a en même temps fait face à des engagements nouveaux que ma situation me mettait hors d'état de remplir. Il avait, en outre, déboursé ou garanti, exclusivement pour le *Journal de Bordeaux*, au premier janvier dernier, une somme de trois cent soixante-six mille deux cent soixante-quinze francs cinquante centimes, qui est venue s'accroître, à la date où nous sommes, de plus de soixante mille francs d'avances, qui ne sont en grande partie, du reste, que l'équivalent de créances exigibles de suite. Il vous sera facile de comprendre que depuis un an, en proie à des complications et à des persécutions incessantes, c'est à peine si nous avons eu le temps, M. E. Louit et moi, d'organiser l'Administration intérieure du journal, d'en régler les conditions économiques et même de présider à la perception des revenus. Vous savez tous ce que deviendrait une armée au sein de laquelle un ennemi occulte propagerait incessamment le doute; son action serait paralysée et les plus braves ne seraient plus à même, dans une telle situation, de rendre le moindre service. En m'abandonnant aux colères et aux haines, on a semé l'hésitation dans l'âme même de mes rédacteurs et de mes employés les plus fidèles. Depuis un an, ils vivent, ainsi que moi, au jour le jour, se demandant si le lendemain on ne m'aura pas mis dans l'impossibilité de subvenir aux besoins de leur famille. Croyez-vous, Messieurs, qu'une Administration de l'Intérieur et une législation de la Presse qui occasionnent de telles perturbations morales ne soient pas à remanier complétement, et que leur maintien ne soit pas de nature à produire l'anéantissement complet de la Presse napoléonienne? En me rendant compte de l'étendue du mal, non-seulement à Bordeaux, mais dans tous les départements que j'ai visités, mais à Paris où il est immense, je suis obligé de me demander si l'incapacité n'est pas plus grande encore chez ses auteurs que la culpabilité; et si, pendant que, par le travail, le reste du Pays grandissait, l'Administration ne s'est point abâtardie dans l'impuissance. Le mal existe; la cause est à chercher; le remède est à apporter; mais ce qu'il y a de certain, c'est que tout ce qui se fait au point de vue administratif dans le domaine de l'Intérieur n'est point en ce moment à la hauteur des idées impériales; c'est que, chaque jour, le niveau intellectuel des populations s'élevant, l'Administration demeure vis-à-vis d'elles dans un état d'infériorité qui effraie, quand on se rappelle que c'est celle-ci qui dirige celles-là et est chargée de leur éducation politique. Elle a beau jeu l'opposition, avec de tels adversaires; combien peu de temps il lui faudrait pour vaincre si, derrière cet édifice en ruines, ne se tenaient debout les sept millions d'impérialistes prêts à se dévouer pour assurer à Napoléon III le temps et les moyens de couper le mal dans sa racine.

Telle est, Messieurs, au point de vue général, la situation vraie du *Journal de Bordeaux*. Dès que le Ministre aura fait droit aux demandes légitimes de son propriétaire, j'entrerai dans des détails plus précis quant aux chiffres.— Succès sans égal en province après une seule année d'exploitation, en ce qui regarde l'influence acquise, les abonnements réalisés, les relations créées et les éléments préparés pour un prochain avenir; succès quant aux résultats politiques, puisqu'autour du *Journal de Bordeaux* se sont groupés trois mille hommes dont les sentiments ne peuvent être douteux, et puisque, dans les élections, sa seule polémique et le seul concours de la plupart d'entre vous ont obtenu le triomphe qui n'a point été le partage des grands centres où l'Administration actuelle, ayant plus d'influence directe, devait naturellement aboutir à une défaite; succès conquis malgré les entraves de toutes sortes apportées à l'organisation administrative de notre propriété dans les mains de ses possesseurs légitimes, malgré ma démission subtilisée, malgré dix voyages à Paris et des préoccupations de toutes les heures sans lesquelles je suis certain que le nombre de mes abonnés serait aujourd'hui du double et nos rapports triplés avec tous les marchés du monde ; succès, vous le voyez, qui n'a eu de contrepoids que l'acharnement contre lui de l'Administration préfectorale, subordonnée à l'inspiration occulte de quelques coteries jalouses de voir passer l'influence dans des mains légitimement en droit de l'exercer. Et que l'Administration de l'Intérieur n'essaie pas de déverser une partie de la responsabilité de sa conduite envers moi sur d'autres que sur le Préfet du département de la Gironde. Je manquerais même à mon devoir si je n'exprimais publiquement mes remerciements à quelques personnes pour le concours qu'elles m'ont donné dans les limites de leur possibilité ; si je ne rendais hommage à l'empressement qu'a toujours déployé en faveur de notre journal l'éminent Prince de l'Église dont les bénédictions planent sur ce diocèse ; si je ne disais que M. le sénateur Daumas n'a évité aucune occasion de témoigner son estime à tous ceux qui, ainsi que moi, ont de près ou de loin collaboré à mon œuvre ; si je ne disais que M. de Forcade La Roquette a bien voulu parfois faire trève à ses fécondes préoccupations pour m'honorer de ses conseils et même de son appui lorsque M. de Mentque voulut me briser ; si je ne remerciais enfin la famille de M. le marquis de La Grange de ses sympathies incessantes. Au risque même de lui nuire auprès de certains hommes par l'expression de ma pensée, il est de mon devoir de déclarer ici que M. Menche de Loisne, le secrétaire général de la préfecture de la Gironde, est constamment resté vis à vis du *Journal de Bordeaux*, dans les termes les plus dignes et les mieux faits pour encourager à servir la cause de l'Empire. Au-dessus de sa situation par son mérite, il eut, j'en suis sûr, réalisé seul la transformation de Bordeaux si, par avancement hiérarchique, il avait pu prendre les rennes de l'administration girondine. En face de nos adversaires, je l'ai vu toujours debout, ferme et juste; dans ses rapports avec nous, je ne l'ai jamais connu qu'animé du désir de faire prévaloir la justice, la vérité, les idées napoléoniennes. Aussi ne crois-je pas me tromper en affirmant qu'il n'a jamais eu à se plaindre que j'aie en quoi que ce soit gêné sa marche : quand on va droit dans le devoir et dans la vérité, ceux qui marchent de même sont d'un utile concours et ne peuvent être des obstacles; la logique et le bien n'ont pas d'angles.

Vous vous trouvez placés maintenant, Messieurs, dans deux alternatives : m'abandonner et reconnaître que l'Administration fait bien de me persécuter pour avoir constamment voulu que l'influence soit à ceux qui savent appuyer leur dévouement de sacrifices; ou vous ranger autour de moi afin que le malentendu à l'aide duquel on veut nous ruiner, reçoive une éclatante solution ; à moins qu'indifférents à l'une ou à l'autre de ces deux hypothèses, vous ne préfériez borner à la réclamation pure et simple de votre argent votre ingérence dans les affaires actuelles du *Journal de Bordeaux*.

Dans le premier cas, je maintiendrai ma décision ; je laisserai le journal à la disposition de ceux qui m'ont calomnié ; et je leur dirai : — « Puisque vous vous » croyez mieux à même que moi de diriger à Bor- » deaux le journal gouvernemental ; puisque ma seule » personnalité vous a empêchés de montrer à quel » point vous êtes généreux pour les idées d'ordre ; » réunissez de quoi rembourser mes prêteurs, mon » commanditaire et moi des sacrifices faits ; prenez » la plume ; et, dans un an, faites ce que j'ai fait avec » mes amis. A ce remboursement et à cette preuve de » puissance vous êtes obligés, sinon vous prouvez » qu'une seule pensée vous anime quand vous m'at- » taquez, celle de priver d'un organe et de défenseurs » loyaux la cause impériale, ainsi que les principes » nouveaux dont l'application assure le bien-être du » peuple et la gloire de la France. Vous êtes riches » pour la plupart ; vous vous déclarez plus dévoués » que moi ; or, je ne connais pas de preuves plus écla- » tantes du dévouement à une cause qu'un sacrifice » d'argent pour elle. »

Dans le second cas, c'est-à-dire dans celui où vous déclareriez me conserver votre confiance, le *Journal de Bordeaux* paiera de suite l'intérêt de l'argent qui m'a été confié et je rembourserai les personnes qui déclareront vouloir l'être. Il en est une, Messieurs, qui m'a déjà honoré de l'envoi d'un papier timbré. Vous avez deviné qu'il s'agit de la seule qui tienne, parmi mes prêteurs, à l'Administration, de la seule que les convenances et le devoir placent dans la situation de ne point créer d'ennui à l'organe impérialiste; vous avez deviné déjà qu'il s'agit de M. de Bethmann, adjoint au maire de Bordeaux. Trois ou quatre autres personnes ont exprimé le même vœu, mais avec la plus exquise politesse et déclarant même que, si elles l'exprimaient, c'est que l'affaire n'étant pas définitivement constituée, elles se trouvaient sans situation définie comme bailleresses de fonds, ce qui est vrai. Ces diverses personnes désintéressées par le *Journal de Bordeaux* aussitôt sa constitution légale la participation des prêteurs restant sera définie. Et ici je vous demande la permission de placer une phrase dont M. E. Louit n'a pas plus connaissance que du reste de ce rapport. Est-il juste que cet honorable capitaliste continue seul d'assumer la charge écrasante qui pèse sur sa caisse? Ne croyez-vous pas qu'en présence des résultats obtenus, de la responsabilité qu'il a prise et de la nécessité où sont à Bordeaux les véritables amis de l'Empereur d'affirmer leur solidarité, il soit utile et politique de décharger M. E. Louit de la plus grande partie du poids de cette affaire, en souscrivant au moins la moitié du capital en parts divisibles, qui seraient comme autant de motifs de ralliement entre les membres de notre famille morale? Cinq cents francs, mille francs ne sont rien pour chacun de nos amis; il vous est facile de multiplier les adhésions autour des noms des quatre membres de mon ancien comité qui pourrait demeurer le noyau du nouveau. Dans les mains de M. E. Louit, l'administration de vos capitaux ne saurait péricliter, et la multiplicité des parts de propriété du journal augmenterait celle de notre légitime influence. Si vous exprimez cette volonté, elle aura en France un énorme retentissement; car elle affirmera que les électeurs de l'Empire sont décidés à donner signe de vie partout où leur volonté semble remise en question; que les sacrifices ne leur coûtent point dans ce but; et qu'au cas où les élus de la perfidie et de l'égarement prétendraient de nouveau faire la loi à toute la France, la province entière se grouperait derrière l'Empereur pour les empêcher de donner suite à leurs projets. Appuyé sur un comité choisi par vous, je pourrais enfin réclamer pour Bordeaux une organisation municipale franchement dévouée à l'Empire; je pourrais dire la vérité sans crainte d'être contrecarré par ceux dont elle devrait faciliter la tâche; je pourrais empêcher les débris des bataillons Dufaure d'envoyer sans protestation aux duchesses d'Orléans des bijoux portant les armes de Bordeaux, et cela, pendant que leur organe va devenir l'élu de l'Administration pour les annonces judiciaires; je pourrais démontrer que ce qui est arrivé pour l'élection Boudias se renouvellera toutes les fois que l'Administration ne s'affirmera pas dans la personne d'un candidat fanchement dessiné; je pourrais vous demander conseil lorsque des ennemis acharnés, faisant descendre leur hostilité dans les moindres détails, envahissent mes ateliers pour voir si la cheminée de notre machine à vapeur est susceptible d'amener l'interdiction de cette machine; je pourrais, tout en donnant à la partie commerciale et industrielle du *Journal de Bordeaux* l'extension qne je veux lui donner, tout en publiant des correspondances des divers points du monde et en consacrant une sérieuse attention à notre politique extérieure; je pourrais, dis-je, faire de nos colonnes le rendez-vous des écrivains sérieusement pénétrés de la nécessité de réformer profondément l'Administration de l'Intérieur, surtout en ce qui a trait à la direction de l'esprit public. Instruits par plus de soixante ans de luttes intestines, nous voulons pour nos fils la stabilité; mais, pour la conquérir, il faut à tout prix empêcher que, par faiblesse ou par ignorance de nos véritables vœux, on entraîne plus avant l'Empire dans la voie des concessions imprudentes dont les adversaires de l'ordre de choses actuel ne lui savent aucun gré.

Le véritable moyen d'empêcher ce malheur, c'est

de crier à l'Empereur que ses sept millions d'électeurs désirent qu'il soit aujourd'hui encore ce qu'il fut le Deux Décembre, et entendent consolider à tout prix dans son fils la légitimité napoléonienne; c'est de s'opposer à l'embrigadement tacite des forces orléanistes qui sont le grand péril de l'heure présente. A Bordeaux, par exemple, est-ce la révolution qui est à craindre? Non, c'est ce qu'elle masque; c'est l'anonyme qui la pousse en avant; ce sont les hommes qui, formant peu à peu une digue entre les masses et les instruments de l'autorité veulent amener celle-ci, au nom de l'Empire, à briser les amis de l'Empereur, et après eux la Presse révolutionnaire, dont l'opposition n'est qu'un stimulant où celle de l'orléanisme est un danger. Si, comme je le crois, la combinaison que j'indique prévaut, veuillez sanctionner la rentrée en fonctions de mon comité; lui adjoindre deux ou trois membres; le charger d'un contre-rapport, et lui remettre tous vos pouvoirs comme je lui remettrai tous les miens jusqu'à ce qu'il ait bien acquis la certitude que je vous ai dit l'entière vérité. A ces quelques hommes de votre confiance, M. E. Louit et moi nous dirons tout.

Reste donc le dernier cas, celui où il vous semblerait juste et courageux d'abandonner M. E. Louit à ses sacrifices et votre serviteur à sa ruine. Je ne le cite que pour mémoire; car il est impossible que vous vous y arrêtiez. Mais en supposant que cela pût être, je suis déterminé encore, suivant le conseil de S. Exc. M. Billault, à maintenir haut et ferme jusqu'à l'expulsion le drapeau que j'ai planté. M. Goubeau, mon avocat, a déterminé vos droits dans des actes, ainsi que ceux de M E. Louit; mais il a aussi déterminé les miens. Je ne tiens pas à ces derniers pour le bénéfice qu'ils peuvent m'assurer; car leur exercice pur et simple, c'est à peine la vie matérielle possible pour ma nombreuse famille; c'est la perte complète de ma *Revue;* je n'y tiens donc que par respect pour mon droit et pour ma dignité, par respect pour l'engagement moral que j'ai pris de ne point reculer dans la voie de mon dévouement à l'Empire. Ruiné, vaincu, terrassé, pour avoir persisté dans la ligne du devoir, je serai peut-être obligé de reprendre le chemin de l'exil, mes enfants à la main; je ne redoute pas cette hypothèse; elle fera que mes adversaires loyaux m'estimeront, et elle ne m'empêchera pas de me tenir à la frontière prêt à rentrer avec mes fils grandis pour faire face aux conséquences de la trahison dont l'Empire est aujourd'hui entouré comme à l'époque où on lui prêtait serment d'une main en le vendant de l'autre à l'Angleterre!

J'ai dit, Messsieurs.

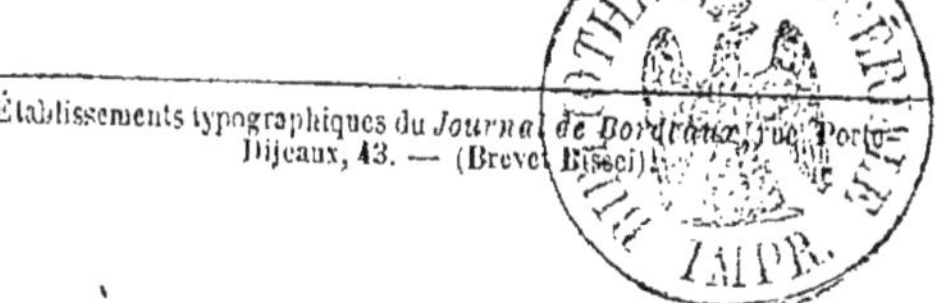

Établissements typographiques du *Journal de Bordeaux*, rue Porte-Dijeaux, 43. — (Brevet Bissei).

www.ingramcontent.com/pod-product-compliance
Ingram Content Group UK Ltd.
Pitfield, Milton Keynes, MK11 3LW, UK
UKHW021557260726
13993UKWH00002B/895

9 782019 952907